好きな人の
よさをわかってるのは
永遠に自分だけでいい

目次

第1章 あれ、自分結局ずっと片思いしてない……？

── 付き合ったあとも一方通行になってメンタルが死ぬ

第2章 セックスから始まる恋も、男女の友情も、全部幻想

——恋人は信用できても、恋人の周りの異性を信用できなくてメンタルが死ぬ

第3章 一言でもあれば安心するのにってときにその一言が絶対こない

──恋愛中、思い通りにいかないこと多すぎてメンタルが死ぬ

第4章　恋人のどこが好きかと聞かれたら――

――自分を選んでくれたそのセンスにしびれてメンタルが~~死ぬ~~生き返る

第5章 こんなにしんどいのに、恋愛ってやめられない

——裏切られても、傷付いても、それでもやっぱり恋がしたくてメンタルが死ぬ

はじめに

好きな人の好きな人、大抵は自分じゃない。
恋愛ってそんなことの連続だと思う。
好きな人ができたと思ったら実は恋人持ちだったり、
いい感じだと思ってたのに気付いたらセフレになってたり、
運よく付き合えたとしても長く続くかはわからないし。
だって、恋愛って定期的にクソみたいな邪魔入るから。
それを乗り越えてかなきゃいけない。

でも、なんだかんだ恋愛ってやめられないんだよ。
しんどいこともたくさんあるけど、
好きな人ができたら何がなんでも自分のものにしたいし、
一緒にいたいし、誰にも渡したくない。
何より、好きな人のよさは自分だけがわかってればいい。
過去も未来も、好きな人のことは独り占めしたいんだよ！

おわかりの通り、俺は恋をするとメンヘラになります。
それ以外のときはいたって普通に過ごせるのに、
恋愛ってなると急にバチクソに病んでしまう。
好きな人には幸せになってほしいけど、
好きな人が自分以外の誰かと掴む幸せなんて、祈れない。
そんなワガママな人間です。

今すぐにでも好きな人が好きって言ってくれたら、
マジでメンタルが最高になるんだけどなあ。
今すぐにでも、恋人が自分のことをもっと見てくれたら、
毎日がめっちゃ楽しくなるのになあ。
好きな人の好きな人になれるように、
ずっと一緒にいられるように、嫉妬心も愛に変えて
もがき続けるしかないな。頑張るか。

第1章

あれ、自分結局ずっと片思いしてない……？

付き合ったあとも一方通行に
なってメンタルが死ぬ

片思いが楽しいって、それ脈アリのときだけじゃん！

「片思いって1番楽しいよね♪」みたいな話を聞くたびに、えっ?!?!　マジで言ってんの？！？っていつも思ってしまう。確かに、恋してるときのドキドキ感とか、もしかして付き合えるかも！みたいな期待感って、片思いならではの感情なのかな〜なんて思ったりもする。

でも冷静になってほしいんだけど、リアルの片思いってそんな楽しいことばっかじゃなくね？　**楽しいことが2割、クソ辛いこと8割って感じだし、余裕で両思いのほうが憧れるんですけど。**

片思いって、「相手が自分のこと好きかわからない」「なんとなく脈ナシな気がする」「絶対恋愛対象に見られてない」みたいな状態がほとんどじゃん。ドキドキすることはたしかにあるけどさ。でも、そもそも自分のこと好きかわからない相手にアピールしたりしなきゃいけないわけでしょ。なかなかしんどくね？　好きな人が

ＬＩＮＥもあまり返してくれない、そもそもあんまり会えない、ていうかまだそんなに会話すらしたことない……なんて状況だと、マジで何をすればいいかわからなくなるよね。やっぱ、片思いってクソ辛い。辛いことのほうが絶対多い。

ただ例外はあって、「お互いになんとなく好きだと薄々感じながらも確信は持てなくて、でも毎日ＬＩＮＥとかしてるし、やっぱコレ脈アリじゃんいやでもフラれたら怖いな～～」みたいな、そういう状態は楽しい。**でもそれって「片思い」じゃないわけよ。「両片思い」なの。「両片思い」しか楽しくないの!!**

そうじゃない全く脈ナシの相手とか、恋人持ちの人への片思いはシンプルに地獄だわヴォケ。やっぱり片思いはクソ。普通に両思いのほうが最高だわ。

恋人が同窓会行くのを止めるほど、束縛したくはないけど正直気が気じゃないよね？

いきなりなんだけど、恋人に同窓会とかクラス会行かれるのマジで怖くね？　わかる⁇　マジで。

同窓会といえばさ、昔の友達と久しぶりに会って、思い出話とかして、お酒も飲んでハメ外しちゃったりして、そりゃめちゃくちゃ楽しいに決まってんじゃん。それは理解できるよ。**でも、帰りを待ってるほうはマジでキツいから。**

そもそも恋人が自分の知らない人たちと楽しそうに酒飲んでるの想像しただけで嫉妬が止まらん。今何してるのかなって考え出したらキリないから、恋人のインスタのストーリーとか見ちゃう。んで、大体めちゃくちゃ楽しそうな様子を見てメンタルが死ぬ。あと、酔った勢いでなんか変なことがあったらどうしよう！　浮気されたらどうしよう‼って妄想で頭がいっぱいになる。夜1人で家にいたりなんかしたら特にヤバいことになる。早く寝て現実逃避しようとしても、頭ん中クソみてえな妄想ばっかかで全然寝れないし。

しかも同窓会とかって恋人の昔の初恋の人とか、元カレ元カノとかも来るわけじゃん。「あのとき実は好きだったんだよね」「え、私も……」「ほんとに？　このあと飲み行こっか」みたいなの起こりそうでマジ怖え！！！　怖すぎ。ってかそれ過去の記憶が美化されてるだけだからな!!　お前には恋人いるだろ思い出せよ!!　少しでもワンチャン狙った自分を恥じろや!!!!

……想像だけでメンタルが死んでしまった。こんな感じでとにかく不安が多すぎるイベント、それが恋人の参加する同窓会。常にLINE返信しろや！なんてワガママ言わないから、2時間に1回くらいはLINEしてほしいし、定期的に「今何してるよー」って電話してほしいし、「寂しかったから帰ってきちゃった笑」って二次会行かずに帰ってきてほしい。特に最後のやつされたら嬉しさで死ねるから、ぜひ推したい。

好きな人がいると、メンタルが常にジェットコースターなんだよ

冒頭からメンヘラトーク飛ばしすぎて申し遅れましたが、どうも、メンヘラ大学生です。最近、「男なのにメンヘラなの？（笑）」「メンヘラ大学生女々しすぎワロタｗｗ」とか言われることが結構ある。うるせぇバカ!!って感じだけど、まあ、図星ではあるんだよね。自分でもメンタルはクソ弱いと思うし、夜中に1人でいるとすぐ病む。でも実はそういう状態になるのは、好きな人とか恋人がいるとき限定なんだよ。普段はマジでその辺にいる普通の大学生。別にそんな病まないし、基本的にサバサバしてる。でも、恋愛し始めると急におかしくなる。

好きであればあるほど、情緒不安定になるんだよね。たぶん隠してるだけで、男の人もみんなそうなんじゃね？　知らんけど。

自分の場合、基本的に好きな人と一緒にいるとテンションめちゃくちゃ上がる。家デートでも外デートでも、時間を自分に使ってく

れてるって実感するとなんかすげえ嬉しくなる。でも、相手と離れてるときはテンションクソ低くなる。LINEが返ってこないと、今何してるのかわからないし、不安になってすぐ変な妄想とかするし、尚更テンションは下がる。でも、LINEが一言でも返ってくればモヤモヤは急に晴れるしテンションも戻る。久しぶりに会えば不安な気持ちなんてマジで吹っ飛ぶ。世の中の全ての事象に対して、寛容な気持ちになれるんだよな。なんていうか、**相手のちょっとした行動に感情を揺さぶられすぎてメンタルがジェットコースターになるって感じ。**

的確すぎる例えワロタ。

男の人も女の人も、好きな人のこと考えたら誰だって不安になったり情緒不安定になると思う。だからさ、とりあえず連絡くれ、会ってくれ。本当にそれだけでいい。それだけでテンション爆上がりするお手軽なメンヘラだからさ、頼むわ。

「今○○してるよ」
って言葉とともに
自撮りでも

送ってあげれば
メンヘラは毎日
安らかに寝ます

どんなプレゼントより、何気ないLINEが嬉しかったりする

誰かと付き合っているとして。一緒にいられないときって、今何してるのかな〜どこ行ってるのかな〜ってすげえ気にならない？相手の行動ってやっぱ知りたくならない？？　俺はめちゃくちゃなる。もちろん学校とか仕事で連絡できない時間もかなりあるだろうから、常に連絡しろって言ってるわけじゃない。ただ、そんな忙しい合間を縫ったであろう「今○○してるよ！！！」って連絡にはマジで愛おしさが爆発する。ＬＩＮＥ見ながらニヤついてしまうんだよな。え、俺だけ？

具体的に言えば、「今友達と遊んでる!!」って言葉と一緒に友達との自撮り送ってくれたときとか。聞いてないのに何してるか伝えてくれるのが愛しすぎるし、自撮りをわざわざ送ってくれる可愛さも相まってマジでポイント高い。あと、ちょっとしたできごとを「今日こんなことがあった!!」って報告してくるのもエグ愛しい。

尻尾振ってるワンちゃんみたいで永遠に撫でたくなるわ。

こっちはやっぱさ、離れてると今何してるのか気になって不安になってるわけじゃん。不安が溜まって「今何してるの？」「なんでLINE返信してくれないの？」なんて束縛LINE送る一歩手前みたいになるときもある。でもそういうの繰り返してるとお互い嫌になっちゃうじゃん。それを理解して、恋人のほうから「今何してるよ連絡」「こんなことがあったよ報告」を定期的にしてくれると、一緒にいられないときのモヤモヤがなくなるし、何より相手のことが信用できる。最高の循環だよね。**安心させるその〝たった一言〟が言える人はやっぱモテるんだろうな。**知らんけど!!　とりあえず、離れてるときにこそ安心させてくれる人is神。

こっちが重いんじゃなくて、お前が軽すぎるっていう話

恋人のことが好きすぎるあまり、ちょっとぶっ飛んだ思考をしちゃうことってあるんだよね。Twitterのいいね欄を勝手に漁って、異性の写真があるのを見つけて1人で勝手にショックを受けたり、LINEが数時間返ってこないだけで浮気されてるかも……ってクソみたいな被害妄想力を発揮したり、インスタのオンライン時間見てオイおめえLINE返さないくせにインスタはバッチリ見てんじゃねえかコノヤロウってなったり……ってこれは恋人に限らず、好きな人相手でもついしがちだよね。しない?? 俺はするんだけど! そしてそんなことをしてしまった自己嫌悪に襲われて、さらにメンタルが死ぬ。

でもさ、自分の行動を正当化するわけじゃないけど、本当に好きすぎるが故なんだよね。

好きすぎて嫉妬が止まらないってこういうことを言うんだと思うわ。もちろん、迷惑をかけるほどの束縛はしないよ

うに心がけてるけど、いざ恋人のことを考えると頭バカになって偏差値3になるんだよ。

いやマジで。むしろ相手がなんで偏差値3にならないのかが疑問なんだけど。いつか俺のことだけを考えてバチクソに病んでほしいし、この好きすぎてどうしようもない気持ちを理解してほしい。

んで、こういう話を男友達にすると「いやさすがに重すぎでしょ笑笑」って間違いなく言われる。うるせえよ、てかお前誰だよ。お前が遊びすぎなんだわ。いつも人のこと重い重い言うけどな、ほかの異性と2人きりで飲んだり平気でお泊まりしたり浮気したりするお前の行動が軽すぎるんだよ。脳みそスポンジ・ボブかよ！　よく考えてくれ!!

大体よく考えれば普通の人は
「好きな人のいいね欄見たり」
「インスタのオンライン時間
わざわざチェックしたり」

「裏垢作ってストーリー見たり」
しないんだよ。みんなもう
「普通の人」には戻れないよ

片思いのときに定期的にクソみたいな邪魔入るの、なんなんだよ

すげえ愚痴みたいになるけど、恋愛って定期的にクソみたいな邪魔入るよな。特に、片思いのとき。どんなに好きな人と上手くいきそうな感じに見えても、急に現れる妨害のせいでどん底に落ちたりする。

たとえば自分に好きな人がいて、本気でその人のこと思ってたとするじゃん。勇気を出してアプローチしたり、少しずつ距離を詰めようと頑張ったりね。そうやって上手くいきそうな時期に、高確率で「人間関係ブルドーザー」が現れる。

自分の好きな人に対して、「あの人チャラいらしいよ」とか「性格悪いらしいよ」みたいな根拠もねえウソのウワサを吹き込んだりして、始まりかけてる恋愛をぶち壊しに来る。お前誰だよ何を知ってんだよって感じ。マジで厄介。その邪魔は、好きな人が被ったときによく現れるという特徴もある。

あと、自分の好きな人を伝えてる友達が、実は裏でその好きな人

と連絡を取ってた……って事案。秘密で連絡を取られるのがまずありえないし、裏切られた感がすごいし、**好きな人だけじゃなくて友達も失う、最悪のパターンなんだよね。**しかもこのパターンって気付いてないだけで意外とあるんだよなあ、クソだけど。

恋愛してると、やっぱ定期的にこういうタイプに邪魔されることって多々ある。そんなときも諦めないで、「自分がこの人を1番好きなんだ！」って気持ちを思い出してほしい。その気持ちが強ければ必ず好きな人にも伝わって、あなたのことを信用してくれるはずだから。負けんなよ。

「好きな人」から「恋人」に昇格したと思いきや、優先度を下げられる現象

片思いしてて、勇気を出して話しかけたりLINEしたりするうちに「お互いに好きかも？」って感じの雰囲気になってくのマジで好きなんだよね。ただの片思いから「両片思い」になってく過程の感じ。その相手からLINEが来たら無意識にニヤついちゃうし、あー早く返信したいってなる感じのアレね。まだ付き合ってないのに好きが溢れすぎるわ。

でもさ、いざ付き合って、これからはもっといろんなことできる！　さらに近づける!!って思った瞬間に相手が謎にちょっと冷めてる現象、マジでなに?!　LINEもなんなら付き合う前のほうが返信来てたり、付き合う前のほうが優しかったりさ。友達を優先されて、自分を1番に扱ってくれなかったり。

付き合う前の「好きな人」の状態のときはほかの誰よりも最優先

に大事に扱うのに、いざ「恋人」ってポジションになるともう自分のモノだから〜つってほかの誰に対してより雑な扱いにするのこっちからするとマジで悲しすぎない⁇　もっとお互いがお互いのことを神のように扱えば、メンタルが神になれるのに。マジでもったいない。付き合って恋人って関係になれたからこそ、もっと相手を1番に、大切に接していくべきでしょ！

「彼女より女友達を優先する〜」みたいなのも俺は理解できん。「コイツはちょっとのことじゃ離れていかない」って自信持ってるんだろうけど、そんな態度ずっと取られてたら余裕でそのうち離れてくからね。せっかく好きな人と付き合えてる最高の状態なんだから、大事にできるうちに大事にしてよ。

自分はＬＩＮＥ
すぐ返してるのに
好きな人からは
数時間返ってこないから
自分も１時間我慢しよう！

って決意するけど

余裕で耐えられなくて

結局10分で返しちゃう

……って人はセフレになりやすい

知らんけど

恋人に依存しすぎると いろんなことが許せなくて詰むから、 ほかに健全な依存先作ろうぜ

恋人のことが好きすぎるあまり、依存しちゃう人ってわりといると思うんだよな〜。あなたがいればそれだけでいい、ほかの人はどうでもいい、ってなる感じ。かつての俺もそうだった。自分には恋人以外何もない、いらないって本気で思ってたから、なりふり構わず束縛カマしてるときもあった。でもね、それを続けると、いつか上手くいかなくなるときが絶対に来ちゃうんだよ。

依存状態になると、まず価値観と視野がクッソ狭くなる。「自分にはこの人しかいない」って思い込んで、相手のちょっとした行動すら束縛するようになるし、許せなくなる。自分の価値観を押し付けちゃうんだよね。相手も最初は笑って受け入れてくれるとしても、そんな調子でずっと束縛してたらどんなに優しい人でもさすがにキツくなってくるでしょ。やっぱ、「自分だけよければいい」って考えは改めたほうがいい。

だから俺は、恋人だけに依存しないで**ほかに依存先を**

作ることをオススメしたい。趣味だとか友人だとか、恋人がいなくても打ち込める何かを持っておくといざというときに強い。離れてて寂しいときも、その趣味で寂しさを忘れられたり、一緒に時間を潰せる友人がいる、くらいになれると最強。メンタルの安定が半端ない。

ここまで読んで「恋人だけに依存して視野が狭くなるのはたしかによくない!!」って、依存先を何人かの異性に分散させてメンタル保とうとするのはマジでアウトだからね。それはもうただの本末転倒メンタルビッチ。さらに病むきっかけにしかならないから注意してくれ。

竹内涼真に負けたくない

竹内涼真に負けたくない!!!!!!

えっ急に何叫んでんの?? 怖くない?? お前なんか竹内涼真に勝てるところ1つもなくない?? テメェ、竹内涼真「様」って付けろよ?? ってみんな今言ったと思うんだけど、彼女からの愛情だけは負けたくねえんだ。彼女が竹内涼真のことめちゃくちゃ好きだから、勝手に竹内涼真に対抗心燃やしてるだけなんだけどな!

突然だけどここで付き合ってる彼女のことを少し紹介すると(普通ののろけみたいでごめん)付き合った記念日に「今日は何の日?」って聞くと「給料日!!!!!!!!」やったぜ!!!!!!!!!!」って答えてくる感じのやかまし可愛いタイプ。好きな映画はハリー・ポッター。付き合って、1年8ヶ月くらいになる。

そんな彼女、テレビに竹内涼真が映ると「竹内涼真カッコイイ〜〜!!」って叫びながら女の顔するんだよ。それが悔しくて俺もテレビに吉岡里帆が出るたびにわざとニヤニヤするんだけど、彼女は全く気付かないので僕1人がシンプルにキモい。

マジで完全敗北。最近は竹内涼真がテレビに映るたびにテレビの前に立って視聴妨害してる。悲しい。

あとときどき一緒に本屋に行ったりすると、いくつもの雑誌の表紙を竹内涼真が飾ってるじゃん？　当然、彼女も一目散に雑誌に駆け寄るよね。アレ⁉︎　僕忘れられてない⁉︎　アレ⁉︎　涙が……。

まあ、竹内涼真とかいう超絶イケメンのことが好きにもかかわらず自分なんかと付き合ってくれたことに感謝しないといけないよね。自信持たないと。でも来世は、絶対竹内涼真に生まれ変わりたい。そのために現世でもっと徳を積まなきゃな。

自分の前で、他の異性を褒められたりすると秒で病んでしまう

やっぱ、恋人には「自分だけを見てほしい」って思わない？　自分のこと見てくれるかつ、ほかの人のこと全く視界に入れないでほしいし、自分「だけ」っていう特別感が重要だから、恋人の目に、自分以外は全員ジャガイモに映っててほしい。だから、身近な異性の話をされたりすると、結構しんどいものがある。

まあ百歩譲って、芸能人とかタレントの話をされるのは許せる。「竹内涼真カッコいい〜」「このアイドル可愛い〜」って言われても、コ、コノヤロ〜竹内涼真め、とはなるけどめちゃくちゃ腹立つわけじゃない。だって恋人が芸能人のこと好きでも、手が届くようなレベルの人じゃないから。芸能人の話をされるくらいなら俺は安心して聞ける。

でも、「あのコンビニ店員カッコよかった」「さっきすれ違った人めっちゃイケメンだった」とか、近くの手が届きそ

うなレベルの人の話をされた途端にメンタルが死ぬ。

あっ自分あの人みたいにカッコよくなくてごめんね～可愛くなくてごめんね～ってならない？　というか恋人の前でよくほかの異性褒めたりできるな⁇　小学校の道徳で「デリカシー」の項目について学び直してこいよこのスットコドッコイ。

まじめな話、恋人が自分以外の異性を褒めてると結構傷付くんだよね。ワガママだけど、自分の前で、自分以外の異性の話をしてほしくない。自分だけを見てくれる一途な人と付き合えたら、マジでメンタルが最高になれるんだけどな～～。

付き合ってる人
いるのに
「彼女いない」

とかいう奴
お前の存在も
消すぞ

大人になるにつれて
純粋な恋愛って
絶滅危惧種になる

高校生とか大学生、社会人になると、子どもの頃の純粋な恋愛を思い出すことってあるよな。片思いの子に会うために毎日ワクワクしながら学校に通ってたことだったり、消しゴムの裏に好きな人の名前書くおまじないしたこと、好きな人の下駄箱に手紙なんか入れたりしたこと。当時は携帯なんてそこまでみんな持ってなかったから、メールの代わりに交換日記もした気がする。なんか俺、子どもの頃からクソ女々しいな。

でも大人になるにつれて、1つの恋愛をするにもかなりメンタルを消費するようになったのかな。携帯も当たり前にみんなが持つようになって、Twitterとかインスタみたいな SNS も普及して、わずらわしい要素が急に増えたなって思うようになった。昔は、ただ好きな人ができて、その人と一緒にいられたら充分って感じだったのに。今は好きな人ができても、その人を純粋に好きとだけ思えない。「誰かに取られたくない」「自分以外を見てほしくない」ってワガママな気持ちが出てきて、どうしても嫉妬とか汚い感情が出てきてしまう。ＬＩＮＥが返ってこないとか、好きな人のＴｗｉｔｔｅｒとかインスタがどうだとか、そういうのも見ずにはいられないいし。**1つの恋愛をするのにもマジで面倒くせえって時代になったんだなあ。**

ただでさえ最近の恋愛の形は、「片思い」「両思い」なんて単純なものだけじゃなくて、「両思いなのに〝今は付き合えない〟って言われる」とか、「好きじゃないのになんとなく付き合う」とか、「片思いしてたらセフレになった」とかいろんな形がある。それがＳＮＳとかによって見えやすくなって、インフレしすぎてる気がする。純粋な恋愛なんて、今やマジで絶滅危惧種なのかもね。

自分の嫉妬心と
上手く付き合って、
愛に変えられたらいい

みんなも少なからず彼氏のことを束縛しちゃったこと、または独り占めしたいと感じたことはあると思うんだけど、そもそも束縛の定義って何なのかな？　基本的には、「嫉妬や独占欲から、恋人の心や行動を縛ること」みたいな感じだとは思うんだけど、束縛って、わりと受け取る側次第みたいなところもあるような気がする。

例を少し挙げると、

「携帯をチェックされる」
「異性と遊ぶのを禁止される」
「毎日ＬＩＮＥの連絡を要求される」

みたいなのがあるよね。今挙げた中でもコレをされるのは絶対ムリ!!って嫌がる人も多いだろうけど、人によってはその行動を喜ぶ人もいる。相手に受け入れられる「束縛」のようなものも、間違いなくあるんじゃないかなって思う。

たとえば、「バイト終わったら１人ですぐ帰ってきて！」って言われると嫌かもしれないけど、「バイト終わったらすぐ会いたいから迎えに行くね、一緒に帰ろ」って言われたら嬉しくない？　2つとも言ってる内容はほとんど変わらないけど、言い方次第で相手の受け取り方も全く違うものになってるじゃん。つまり独占欲があったとしても、**相手のことをちゃんと考えて話せばそれは束縛じゃなく、愛に変わりうるってこと。**

束縛と愛はマジで紙一重。

一言でまとめると、**相手ばかりに無理をさせるのが束縛、一緒にいるために自分も努力するのが愛、**って感じ。どっちかが我慢したら恋愛は上手くいかんから、めんどくさい嫉妬心も愛に変えて、穏便にやってこうな。

第2章

セックスから始まる恋も、男女の友情も、全部幻想

恋人は信用できても、
恋人の周りの異性を一切
信用できなくてメンタルが死ぬ

「別れても友達でいよう」って言う人いるけど冷静に支離滅裂すぎない⁉

本気で好きだった人に振られたことある？　アレ、マジでヤバいよね。だって、昨日まで笑顔で好きだよって言ってくれてた人が、今日は真顔で別れを告げてくるんだよ。そんなエグいことある⁇　地獄か⁇　アレされると、それまで付き合ってたときの思い出が次々浮かんできて、すごい涙出てくるんだよな。そうやって号泣してる自分に、恋人がこんな言葉をかけてくることがある。

「別れても、友達でいような」

は⁇⁇⁇　急になに⁇⁇⁇　怖いんですけど⁇⁇⁇

友達→恋人はわかるよ、仲いい友達から恋人に昇格することってよくある話だもんね。**でも恋人→友達は絶対におかしくね⁇**

だって友達として過ごせないレベルのところまでお互い知っちゃってるよね⁇　昨日まで恋人として愛を語り合ってセックスもして「〇〇くんちゅき♡」「俺も♡」とかクソ

恋人は信用できても、恋人の周りの異性を一切信用できなくてメンタルが死ぬ

恥ずいLINEもしてたくせに、今日いきなり別れてハイ友達に戻ります〜〜なんて都合いいことできねえ。余裕でムリだろ。

しかもいざ友達に戻ったとしても、振られた側が未練タラタラな場合が多いから、そのまま元カレのセフレになっちゃうってケース本当に多すぎ。都合いいときだけ呼ばれて、期待してついていって、結局セックスするだけして、付き合えはしない。好きっていう純粋な未練を利用されるのすげえ腹立つわ。マジで何様なんだよ。

やっぱ、別れても友達でいようって言われたら「結構です」って断って全てのSNSをブロックするのが最強。自分の魅力もわからなくなるような奴はこっちからバイバイしていい。離れた直後はマジで辛くて、クソみたいな日々が続くと思うけど、そのクソみたいな日々を乗り越えたらいつか素敵な人と出会えるから。絶対に。

好きな人と別れたときの
「付き合ってた頃の
楽しかったことが頭の中で
次々と再生される現象」と
「もし別れてなかったら

一緒に過ごしてたであろう
未来を想像してめちゃくちゃ
死にたくなる現象」が
マジでしんどすぎて笑う

恋人は信用できても、恋人の周りの異性は全く信用できねーーーー！

「恋人のことを信用しろ」って、人は簡単に言う。

でもどんなに相手を好きでも、「信用する」ってなかなかハードル高いよな。大好きな人と付き合ってると、やっぱ相手の異性関係が気になったり、不安に思うことってめちゃくちゃあるじゃん。

たとえば、自分が見てない場所に遊びに行かれたときに連絡が来ないと、「連絡ないな～」「今何してるんだろ～」「え、本当にマジでどうなってんの⁇」「もう絶対浮気してるやん、、死ねよ」ってどんどんネガティブな妄想ばっか浮かぶ。逆に連絡が一言でも来ると、少しだけど安心できる。その「安心」が積み重なると、恋人のことがようやく信用できるようになる気がするんだよな。**相手の「信用される努力」と自分の「信用する努力」が両方ないと、信頼関係って成り立たねえ。**

んで、長い期間付き合って、安心を積み重ねて、ようやく恋人の

恋人は信用できても、恋人の周りの異性を一切信用できなくてメンタルが死ぬ

ことを信用できるようになったとするじゃん。そうなったら恋人のことは全て無条件に信じられる⁇　正直難しいよな。俺はムリだわ。

だって恋人のことは信用できても、周りをうろつく異性は信用できないから。

恋人が周りの異性のことを何とも思ってなくてジャガイモくらいにしか見てなくても、周りの異性が恋人に対してそう思ってるとは全く限らない。成人式で、ワンナイトラブを期待してるって答えた男性は約20％、女性は約7％もいる、なんて調査もあるし、飲みの機会でワンチャン狙ってる奴って間違いなくいるんだよな。どうしよう、マジでキショいんだけど。

俺の場合だけど、たとえば彼女のことを「竹内涼真に口説かれても浮気しないだろう」ってレベルまで信じられるようになったら、それが本当の信頼って言えるのかなって思う。でも実際、竹内涼真には抱かれるだろ、普通に……やっぱ、「信用する」って難しすぎる。

恋人にまとわりつく
異性はキモい。
悪いのは恋人じゃない
ってわかってるけど

恋人お前ももっと
ハッキリ態度で
NOを示せ隙を見せるな
コーナーで差をつけろ

元カレ元カノのなにが"いいね"なのか教えてもらえますかー??

男って、別れたあとも「自分はまだ特別な存在だ」って思い込んでる勝手な生き物なんだよね。付き合ってたときに上手くいかなかったから別れたくせに、別れた途端に急によき理解者ヅラしてときどき「最近どう?笑」「ご飯食べに行かない?笑」とかLINEする。「笑」がマジでしつこいし。**お前もう他人だから黙ってねって感じなんだけど。**

もちろん逆に女の子側から誘ったりすることもあるよね。誘われた男のほうは彼女がいるのに元カノにご飯誘われたからって何も考えずについていって、元カノとツーショット撮ったりインスタのストーリーに載せたりするんだよ。今の彼女に「この人誰?」って問いただされても、全く悪びれずに「え?元カノ」とかほざくタイプ。そういうのやめてほしいって伝えても「アイツはそーゆーんじゃないから笑笑」「今はマジでいい友達だから笑笑」を連発してくる。**いや、お前がどう見てるかじゃなく**

そこを考えろってこっちが嫌かどうかだから。

よ。当たり前に元カノより今カノを大切にしろよ。しかもこういうタイプって浮気のラインがガバガバだから、もう既に結構アウトなことしてる場合が多い。死ね。あと「笑笑」うるせえ死ぬほど真顔だわこちとらは。

やっぱ、元カレ元カノから連絡きたときに「は、コイツ誰だよww」ってLINEブロックしてくれる人がマジで有能だと思う。ソイツにもう未練もクソも無いんだなって伝わってくるし、自分を安心させようとしてくれるその姿勢がマジで嬉しいし。

あとLINEだけじゃなくてTwitterやインスタも同じ。Twitterでなんとなく恋人のリプ欄とか見てて、元カレとの会話出てきたときのショックマジでヤバい。インスタの投稿いいねしてるの見ちゃっても結構メンタルくる。何が〝いいね〟なんだよ。何もよくねえわバカヤロー！

男女の垣根がガバガバなことを「男女の友情」って表すな

本題に入るけど。男女の友情って成立する？　しない⁇　これに関してはいろんな意見があると思う。変なこと言うと炎上するからあんま言いすぎないようにするけど、**俺は男女の友情は成立しないと思ってる。（炎上）**

クソ偏見だけど、たとえば「男女の友情ってマジであるから！笑コイツのこと全く異性として見てないし、普通にいい友達だから！笑」みたいなこと言う奴に限って、恋人いても平気でほかの異性とお泊まりする。**男女の友情があるっていうより、男女の垣根がガバガバなタイプ。**実際、「コイツそういう関係じゃねえし笑」と言いつつ、裏ではそういう関係持ってる奴普通に見てきた。なんていうか、男女の友情を盾にして遊びまくって、結果色々ヤってる奴が多いんだわ。

あと、「男女の友情」とかいって、異性の友達に恋人の愚痴やら相談する奴。これマジでタチが悪い！　こういうタイプって、恋人とケンカしたときに毎回のように慰めてくれる異性の友達（笑）がいるんだよね。しかも「マジでそれ別れちゃえよ笑」「俺らが付き合ったほうが上手くいくかもね笑」みたいな話してるんでしょ⁇別れたら間違いなく付き合うだろお前ら。それを「男女の友情」って呼ぶのマジでアホくせえ。**恋人の愚痴をほかの人にペラペラ喋る前にちゃんと本人と話し合いしろよ。**

でも、人間としての友情があった上でちゃんとした付き合いできる男女も少数だけどいるとは思う。そういう人は頑張れ。応援してるから。男女の垣根ガバガバタイプは、切実に絶滅してくれ。

「彼氏と最近
どうなの？笑」
「彼女さんはまだ

めんどくさい
感じ？笑」
いや誰だよお前

セックスしてなきゃ浮気じゃない、なんて甘えたこと言うんじゃねえぞ

なんか最近、「体は許さないけど心は簡単に許しちゃう」みたいな、ビッチの逆パターンみたいな人が増えてるなって思ってて、そういうのなんて呼べばいいかな〜って考えたときに「メンタルビッチ」ってパワーワード思いついたんだよね。

たとえば、セックスさえしなきゃ浮気じゃないと思ってるお前はメンタルビッチだし、恋人がいるのに他の異性と通話してるお前もメンタルビッチ。好きな人いるのに出会い系アプリ入れてるお前もメンタルビッチ。恋人のことは束縛するのに自分は何やってもいいって思ってるお前もメンタルビッチ。

……こんなん言い続けてたらみんなメンタルビッチになっちゃうのでは？って感じだけど、今言ったことは大体、好きな人とか恋人がいたらわりと避けたほうがいいことばっかなんだよね。たとえば異性と電話するなっていっても、仕事の電話とかそりゃ全然仕方ないけど、逆に恋人以外の異性と仕事とか事務的なこと以外の話でそ

んな2時間も3時間も世間話する?? しないでしょ、それは恋人以外に心許しすぎでしょ。恋人がそんなんしてたらクソ萎えません？ 異性との距離感がバカクソ近いし、そういうのやめてって言っても「嫉妬？笑」の一言で片付けられるし、そのうち平気で異性の家に泊まって「何もなかった」とか言い出す。**メンタルビッチには共通点がある。いや何もないのはお前の頭ん中だから！ アホが!!**

とりあえず好きな人とか恋人がいるなら、その相手と真摯に向き合うのが、メンタルビッチを抜け出す唯一の方法だと思う。自分がされたら嫌なことは相手にもしないようにしような。急にマジで当たり前のこと言ってごめんやけど。

好きだから許すんじゃなく、
好きな人だからこそ
断る勇気も必要なんだよ

恋愛において、「付き合う前にセックスするな」みたいな忠告ってよく聞くよね。俺はアレわりとガチだと思ってて、相手がマジで好きな人なら尚更セックスはしちゃいけないって思ってる。ほら、女子はわりとセックスした相手に恋に落ちやすいけど、男子は真逆で、セックスすると急に飽きる奴が結構多いっていうじゃん。だからもし皆も好きな人がいるなら、付き合う前にセックスせずに、可能な限り焦らしたほうがいいって伝えたい。

普通の恋愛の順序って、①気になる　②告白する　③付き合うがあって、最後に④セックスする　って感じなんだよ。この②から③がかなり大切だし、なんならコストがかかるところでもあるのに、**それを省いて④のセックスにたどり着いちゃったら、②とか③にわざわざ後戻りしないと思うのね。**だって男からしたら、セックスできて、さらに相手が自分に好意を持ってることがわかったなら、告白して付き合うとかわざわざしなくてもいいじゃん、って感じになる。こうやって1度でも舐められるともう終わりで、ズルズルとセフレになってくんだよね。だから絶対!! そういう雰囲気になったとしても、好きな人に対しては、というか**好きな人だからこそ、断る勇気ってやっぱ必要なんだよ。**

仮にセックスしたあとに付き合えても、相手に対して「もしかしたらまた、付き合ってない誰かとセックスするかも（=浮気するかも）」って不安を抱き続けることになるんだよな。普通の恋愛してる奴のことマジで羨ましいって思うようになるよ。

やっぱりお互いに好きになって、ちゃんと付き合ってからするべきだよ、マジで。じゃないと好きな人が、好きな人じゃなくなっちゃうよ。

セフレって、
セックス
できても

手は繋げ
ないんだよなぁ

発情期の動物の
一挙一動なんかに
傷つくことないからな

「あの人はきっと私に好意があってセックスしたんだよね」って思ってるあなた、ごめんやけど、実は、男は好きな女ほど簡単に手は出せない。男は好きな女ほど丁重に扱うし、夜にはちゃんと家まで帰すし、付き合う前にセックスはしない。

だって男だって、好きな女にはよく思われたいに決まってるから。変に手を出して一生嫌われる、みたいなのも怖いし。普段の自分がどうであれ、好きな女に対しては「自分、すぐ手出さないですよ」「あなたのこと大切ですよ」って顔してカッコつけたいもんだよ。

むしろ付き合う前にセックスするときっていうのは、好意があるんじゃなくて「セックスしても後腐れなさそうだから」ってクソ舐めてる場合が多い。残酷なことかもしれないけど、男からしたら作業的に誘ってて、特別な感情は存在してない。シンプルに性欲。発情期の動物だと思ったほうがいい。たしかに、好きな人とそういう雰囲気になったら応じてしまう気持ちもめちゃくちゃわかる。でもソイツの実態は、セックスし終わった途端に急に態度変わるような猿です。期待してもしゃーないから、さっさと見切り付けような。ってか、もし本当に好意がある場合はセックスする前に告白してくるから、それがあるかないかで判断してほしい。

とりあえずそういう雰囲気になって手を出されそうになったら「あ〜コイツヤリモクなんだな」って割り切ってセックスするか、セフレになるのが嫌なら断ったほうがいい。**断って機嫌悪くなるような男なんて縁切ったほうが幸せになれるし。**

好きな人相手には、魅力は出し惜しみするほうがいい。この人のこともっと知りたい！って思わせるためにも、NOをつきつけてこ。

略奪から始まる恋愛は
浮気で終わるものだって、
義務教育で教えといてくれよ

「彼女持ちの人を好きになってしまった」とか、「好きって言ってくれるのになかなか彼女と別れてくれない」とか。「叶わぬ恋」みたいに言うと、なんか儚くて美しいものって感じするけどさ。でもそういう状況で頑張るのって実際はしんどいし、グチャグチャのドロ沼になって終わるパターンが多いよね。

まずね、リスクがありすぎ。本命の彼女から男を奪うなんて行為をすれば周囲から色々ウワサされるし、人間関係はぶっ壊れるし、敵だって間違いなく増える。友達だって離れてくかもしれない。1人の男と付き合うためにそこまでする?!?!　そこまでする！！！って勇敢な人は読み進めてくれ。

それでも好きだから!!っていって、男を奪うことに成功したとするじゃん。好きな人を彼氏にできたし、もう不安材料なんて無い！幸せ♡♡　なわけないんだよな〜。むしろここからがしんどい、地獄本番。まず、自分も彼氏を誰かから略奪して付き合ってるから、彼氏が誰かに取られないか不安で仕方ない。だって、もともとの状況を思い出してみて。彼女がいても裏ではほかの女（自分）に「好きだよ」とか言えちゃうタイプの男だよ。絶対裏で色々すんじゃん。信用もクソもないよマジで。

結論。**略奪した人は、別の誰かに略奪されるもんだと思ったほうがいい。**彼女がいるにもかかわらずすぐほかの女に目移りするような奴は一生そうだから。リスク抱えていざ付き合っても、毎日略奪される不安でメンタル死ぬから。略奪愛は昼ドラで充分。

大人の恋愛は
セックスから
始まって浮気で

終わるんだよって
ちゃんと教科書に
書いといてくれ

わけありすぎ！
絶滅希望種な
生き物コンテスト

え〜っと、かなりムリヤリ感があるんだけど、あまり付き合わないほうがいい生き物に今日は集まってもらいました。俺はこいつらを絶滅させたい。

①『思わせブリ男』

別に好きでもなんでもない相手に、期待させるような言葉ばっか言う奴。しかも自分だけじゃなくて誰にでも言ってる。勘違いさせるのが趣味。あと、万が一付き合ってもほかの異性に目移りして言い寄ってる可能性クソ高いから恋人にするのはオススメできない。

②『別れる別れるサギ女』

恋人とケンカしたり自分の思い通りにならないと、すぐ「別れる!!」って自分を人質にして相手を脅すタイプ。最初は恋人が我慢してくれても、そのうち呆れられて離れてっちゃうからマジで気を付けような、メンヘラの皆さん。（俺も気を付ける）

③『今は付き合えないイカらごめん男』

今は付き合えないけど好きだよ〜って相手をキープしてんのに、実は本人には全く付き合う気がないからいつまで経っても付き合えない。というか、一生付き合えない。言葉だけ達者な奴はマジで信用しちゃダメだから。行動だけを信じろ。

④『忘れた頃に連絡してくる元カレイ』

久しぶりの連絡に舞い上がってご飯とかついてっちゃダメ、大体セックス目的だから。自分がソイツにされたクソみたいな過去を思い出せ。元カレからの連絡には「え？お前誰？」で返して速攻ブロックが正解。

ムリヤリ感は置いといてくれ。間違いなくみんなの周りにも生息してるから、要注意‼

浮気する奴って
「ステーキに飽きたからシラスも
食べてみたい^^」みたいなノリで
浮気するからね。
こっちが悲しむ必要ない

だってこっちはステーキ
こっちはステーキこっちは
ステーキこっちはステーキ
　こっちはステーキ
お前はシラス！！！！！！！

一瞬の痛みを恐れると
一生病んで過ごすハメになるから、
辛くてもガンガン別れろ

恋人にウソをつかれた、約束を破られた、浮気された……とか、付き合うなかで裏切られることなんていくらでもあるじゃん。裏切られて実際しんどい思いしてんのに、結局相手のこと好きだからとか、別れるの辛いからって理由で許しちゃう人は多いはず。色々文句言って嫌われたくないし、って。でもそれを繰り返してると、「恋人」じゃなくて、いつか「ただの都合のいい存在」に成り下がるんだよね。

そうなる前に、嫌なことは嫌って言えるようになろ。色々言って嫌われたくない気持ちはわかるけど、**自分の話すら聞いてくれない恋人なんてむしろ嫌われても別によくね？**基本的に相手はこっちのこと舐めてるから、こっちもお前なんていなくても余裕で生きてけるしってところ見せなきゃ。そもそも恋人を一方的に気遣うために付き合ってんじゃないし。こっちはお前のママじゃねえ。対等な関係が築けない恋人なんてマジでいらんわ。

やっぱ自分にとって本当に必要なものを選ぶのって大切なんだよな。服とか靴だって、どんなにデザインが気に入っても自分のサイズに合わないものじゃ身につけても苦しくなる。人も同じ。どんなに好きでも、ただ都合のいい存在になってたり価値観が全く合ってなかったら、一緒にいても苦しくなる。そんなときって、離れる勇気がマジで大事なんだよね。一瞬の痛みを怖がったら、一生病んで過ごすことになる。モノでも人でも、自分に必要ないものは手放す勇気を持つのも大事。ごめんやけど、好きって気持ちだけじゃ恋愛は上手くいかん。勇気を出していらない関係全部切れば、また新しい人と出会えるからね。

「クソだった元カレに復讐したい」
って女の子結構いると思うけど
とりあえず自分磨きしていつか

「久しぶり〜ご飯いかない？笑」
みたいなLINEきたときに
「え？誰？」って返すのが
最高の復讐になります

第3章

一言でもあれば安心するのにってときにその一言が絶対こない

恋愛中、

思い通りにいかないこと多すぎて

メンタルが死ぬ

「好き」の格差を埋めたいから、いつもLINEしていたい

☑普段は「落ち着いてるね」とか言われることもある
☑でも誰かと付き合うと落ち着いていられず、すぐに病む
☑情緒が不安定　☑被害妄想が激しめ

俺のことなんですけど。同じく当てはまる！って皆さんには、LINEを早く返してくれるタイプの人とぜひ付き合ってほしい。恋人の返信速度で、メンタルへのダメージって変わってくるから。

まず、LINEの返信が遅い人と付き合ってると、「LINEしたいのは自分だけなんだ……」ってネガティブな考えにマジで陥りやすい。自分はLINE10分とかで返してるのに、恋人に平気で5時間とかあけて返信されると、**そこでどうしても「好き」の格差を感じてクソ悲しくなるんだよな〜。**

しかも、数時間あいて恋人が返信してきたその内容がスタンプ1個とかだとさらにマジ萎える。スマホ1回タップ

すんのに数時間かけたんか?!って感じだし、画面見るだけでメンタルがえぐられるのよ。

あと、好きな人とくだらない話とかどうでもいい話をダラダラＬＩＮＥするのって楽しいじゃん！　そういうのがしたくてこっちは付き合ってんのに、常に何時間も経ってから返信されてたら本当に辛い。**結局ＬＩＮＥも楽しみにしてるのは自分だけじゃん独り相撲じゃんマジウケるドスコイドスコイなんだけど。虚しい。**

とりあえず今誰かと付き合ってるって人はさ、この気持ちを少しでもわかって1分でも1秒でも早くＬＩＮＥ返してあげようって思ってくれ。なんなら今ＬＩＮＥしてくれ。色々書いてきたけど、つまり結論こっちは好きな人とたくさんＬＩＮＥしたいんだよってただそれだけのことだから。よろしく頼むよ。

忙しくて
LINE
できなかったって？

うんこしながら
返せや

行動で「好き」を表してくれたら、「好き」って言葉はいらないよね

Twitterでメンヘラ投稿を続けていたおかげでなんとフォロワーが18万人を超えまして。ていうかみんな病んでるんだな。おかげさまでツイートに共感の声が多くなってきたんだけど、DMにも恋愛系の相談がめちゃくちゃくる。特に女の子からこんな相談が多くあった。

「セフレに告白したら〝今は付き合えない〟と言われた」
「好きな人に〝好きだけど付き合えない〟と言われた」

こんなん好きな人に言われたら、「今は付き合えなくてもいつか付き合えるかもしれない!!」って希望持っちゃうよね。でも現実はそんな甘くなくて、ぶっちゃけ言うと、〝今は付き合えない〟は、男がキープしたい人によく使う言葉だったりする。別に嫌いじゃないけど、今はほかに本命がいるから付き合えないって感じ。だって

石原さとみに告白されたら誰だってその場でOKって即答するでしょ。石原さとみに〝今は付き合えない〟とか言う?? 言わねえだろ。そういうことだ。

俺も言われたことあるんだよね、〝好きだけど付き合えない〟。嫌いってことじゃないんだ！って期待してたのに、結局いつまで経っても付き合えなかった。そうなってから、「ああ、自分はただのキープだったんだな」って気付いた。「好き」より「付き合って」の一言が欲しかった。

「ずっと好き」とか「一生離さない」とかカッコつけた言葉ばっか言ってる奴ってなんか信頼できない。そういう奴ほど行動が全く伴わん。黙って行動で「好き」を表してくれる人が、結局1番幸せにしてくれるんだよなあ。

好きな人の「いいね」欄、オンライン時間を見たって心の距離は縮まってない

好きな人とか恋人の過去ってめちゃくちゃ気になるけど、知ったところでメンタルがやられるだけなんだよな。クソみてえな情報はたくさん入ってくるくせに、得られるもんは何もないから。マジで探りすぎるのはやめとけ。

たとえば恋人のTwitterのいいね欄見てたら、自分の知らない異性の自撮りをいいねしてるの発見したり。いやオメエ何が「いいね」だよ具体的に言ってみろって感じなんだけど。あとTwitterのリプ欄見てたら元恋人に「誕生日おめでとう🎉笑」とか送ってんの発見したとき。**いやお前らとっくに別れてもう他人なのに「おめでとう🎉」じゃね〜〜よ、頼むから毎年生まれてくんな。**

あと好きな人のインスタのオンライン時間見てもクソ病むよな。LINEが全く返ってこなくて、インスタ見たら「30分前にオンラ

イン」ってなってるくせに平気で5時間後とかに「寝てて返信できなかった笑笑」とか言ってくる。いやガッツリ起きてインスタのストーリー眺めてんじゃねえか。こっちはインスタ以下か。もう完全に自分の片思いじゃん～って落ち込むよね。

最後、マジでやらんほうがいいやつ、それはスマホチェック。スマホなんてチェックしても、得られるのは「浮気してた」「出会い系アプリ入ってた」「変な通話履歴あった」みたいなメンタルえぐられるカス情報しかない。マジで知らんほうがいいやつな。恋人のスマホ見るのは、マジで離れる覚悟できてるときだけにしといたほうがいい。まだ好きならスマホは見ないのが、メンタルのため。

男は最初に
なりたがり
女は最後に
なりたがる
って誰かが

言ってたけど
どう考えても
好きな人の
最初で最後に
なりたい人生だろ

基本的だけど、相手の気持ちが考えられない人と付き合ってるとメンタル死ぬ

SNSって本当にメンヘラを加速させる装置だよ。ちょっと言いたいんだけど、**恋人以外の異性とのツーショットをSNSに載っける意味ってなんかあるの？**

お前らが仲いいのは別にもう勝手にしてくれって感じだけど、その仲のよさをネットでアピールする必要あんの？　恋人がいるにもかかわらずほかの異性との写真載せたら、こっちがどう感じるかとか考えない⁇　自分が楽しけりゃこっちのモヤモヤ全部無視か、コノヤロー。友達のこと大切にするのはわかるけど、それで恋人のこと蔑ろにするのはどうなんだよマジで。基本的に、相手がどう思うかを考えられない人とは付き合い続けられないなって思う。

俺自身のトラウマ話を1つ。付き合ってた彼女が「今度友達と旅行してくる」って何気なく話してたから、女友達と遠出でもするのかな〜なんて呑気に考えてたら、直前になんと男友達と行こうとし

てることが判明。さすがにそれは嫌だよ、だって2人きりで泊まるってヤバいじゃんって伝えたら『普通の友達だし、あなたには関係ないじゃん！』って。いや関係めちゃくちゃあるよありまくってるよって感じだったけど、そのときはそれ以上何も言えなかった。言って嫌われるのが怖かったから。当時の俺はそんなに束縛するタイプじゃなかったんだけど、その件をキッカケに恋人相手には束縛するクセみたいなのが付いてしまった気がする。そこから俺のメンヘラ人生は始まったんだろうな。許せん。

とりあえず、付き合ってる人がいるのにほかの異性と距離を縮めたり、それをSNSにUPしたりする奴、その行為が善か悪かは置いといて、恋人の気持ちを考えてなさすぎ。その辺のデリカシーがガバガバな人って、他のことにおいてもこっちの気持ち考えてない行動して、メンタルえぐってくるから。距離を置くことも考えよ。

恋人に嫉妬させたい
みなさん異性と
絡んでるのわざわざ
見せつけるな

別れる別れる
言って恋人を試すな
マジで素直に
甘えたほうがいい

刺激が欲しくて浮気すんなら、命綱なしでバンジージャンプでもしてろ

浮気されたことあるよー!!って人!

急にライブの掛け声みたいになったけど。いるよね? たぶん結構な数の人が心の中で手を挙げてくれたと思うんだけど、もちろん(?)俺もある。たぶん「自分はしたことある」って人もかなりいるよね。実は、世の中の30%近くの人は「浮気されたことがある」らしい。しかも浮気されたことに気付かない人もいるだろうから、実際の浮気率ってもっと高いわけでしょ。世の中怖すぎワロタ。

でも、恋人の浮気って自分がどうこうして変えられるもんじゃないじゃん。好きな人に浮気されたけど、愛の力で変えてみせる!! なんてなかなかできねえ。だってみんな、結局は自分のことが大好きだもん。浮気してる人って、目の前の恋人よりも自分のことが1番大好きなんだよ。だから平気で恋人を裏切る。本人が本気で変わろうとしない限り、俺らにはどうしようもないんだよね。ソイツの「好き」なんて、浮気すら我慢できないくらいのレベルだったって

諦めるしかねえ。

ってか、そもそも浮気する人ってなんで浮気すんの？　なんで恋人がいるときにわざわざほかの異性に手を出すの？　そんなん絶対面倒くさいことになるじゃん。浮気するくらいならさっさと恋人と別れて浮気相手と付き合えよ。マジで浮気するメリットってなんなの？　刺激が欲しい⁇　バンジージャンプでもしてろよ‼

まあ浮気にもスリルどうこうじゃなくて、いろんな事情があるのかもしれないね。でも大切な人を傷付けてる時点で事情もクソもねえから。するならマジで命かけるくらいの覚悟でしてくんねぇかなあ……。

褒められることとかないし、
せめて、好きな人からは
肯定されて生きてたいよ

みんなに聞きたいんだけど、恋人に正論って求めてる？　俺はどちらかというと、求めてない。しんどいときに「頑張ったね～」って自分のこと無条件に肯定してくれれば、本当に元気もらえるから。恋人からの「それは違うでしょｗ」みたいな正論、弱ってるときにはちょっとキツいって思ってしまう。

もちろん常に自分が間違ってても肯定しろって意味じゃない。ただ、ときにはどうしても疲れてて、愚痴りたくなることってあるじゃん。そういうときに欲しいのは、「わかるよ」って一言だったりするんだよね。ただでさえ普段は人から否定されて生きてんだから、せめて好きな人とか恋人からは肯定されて生きていきたいんだわ。

ケンカとか話し合いで、本音をぶつけ合うことも必要だと思う。だけど、自分とは違う意見でも恋人の価値観を認めることは、それよりもっと大事だと思う。自分の言い分をドヤ顔で否定されたら、「お前の正論だけが正義じゃねえ!」って思わない? 意見を求められたらもちろん言うけど、まず共感することって大事だと思うんだよな。ていうか基本、誰かを正論で説き伏せて得られるもんなんて、自分1人の満足感だけだったりする。独りよがりじゃないかなって、俺は思うんだけど。

最後になるけど、自分があんま好きじゃないって言った人を恋人が「そんなことないよ? あの人意外といい人だよ笑」って否定しつつ庇ってきたときのモヤモヤ感って異常だよな。「俺の味方をしてくれよ! 思ってなくてもとりあえず共感してくれよ!」って気持ちを抑えて、「あ、そうなん笑」って言っちゃう。自分とはわかり合えないタイプの人だ。今までありがとうございましたさようなら。

「ケンカするほど仲がいい」が通用するのはトムとジェリーの世界くらいだよ

恋人と言い合いするのって、結構消耗するよね。「ケンカするほど仲がいい」ってよく言うけど、俺はそう思わんな。クソ偏見だけど、ケンカが多いカップルはケンカすると何も考えずに勢いで別れるし、別れたらまたなんとなく寂しいから〜つって速攻で復縁する。ケンカした理由は何一つ解決してないのに、別れたことで問題は解決したように勘違いして、時間が経つとまた同じようなことでケンカする。**トムとジェリーもドン引きなレベルなんだけど。**

そういう意味じゃトムとジェリーを見習って、「仲よく」ケンカするのもいいのかな。ケンカしても仲直りの仕方がちゃんとわかってるカップルって長く続くし。問題はその都度解決して、絶対に引きずらない。そりゃ長く付き合ってりゃお互いに不満とか出てくるだろうけど、それを上手く処理できるカップルってやっぱ最強なんだよな。

でもまあ、やっぱケンカよりは話し合いをすべきだと俺は思う。ケンカと話し合いの何が違うかって、お互いの言い分がしっかり聞けてるか、聞けてないか。当たり前のことみたいだけど、話し合いできない奴って、そもそも相手の意見を全く聞かない上に、「は？w」「で？w」みたいな煽りを多用してくる。人ってケンカしてるときにわりと本性出てくるから、こういうタイプとはマジで離れたほうがいいと個人的には思う。性格は一生変わらんから。

ときには険悪な雰囲気になっても、ちゃんとお互いに意見が言えて、最終的には価値観を受け入れ合える人を見つけような。やっぱケンカって疲れるし、話し合いのほうが絶対メンタルも楽だから。

友達の大事な恋人を否定してくるような友達は絶対に友達じゃないと思う

友達同士で、それぞれの付き合ってる人の話になったりすることってあるじゃん。実は俺もよく男友達と「のろけ会」を開催してるんだよね。その会は基本的にはのろけとか自慢みたいなことを話しまくるんだけど、でもたまにやっぱり愚痴とかネガティブなことも混ざってくる。そういう話になったときは、「でもまあそんな彼女のことが大好きなんだけどw」「ウェーイwww」で締めるのをルールにしてる。マイナスな感情を絶対に引きずらないように。

でもさ、恋バナしてるとときどき、誰かが付き合ってる人のことを堂々とディスる奴っているじゃん。無邪気な顔して、「えーそういうことする人ムリ笑」とか言ってくる奴。シンプルにうるせえ。

本人が大好きならそれでいいお前の意見はマジでどうでもいい。オメエはその見る目の無さでカスみたいな恋人作ってろって感じなんだけど。だから本当に、そうやって誰かの恋人をバカにするような奴とは関わんなくていいと思う。というか、友達の価値観を平気で否定するような人は、もう友達なんかじゃない。一緒にいてもモヤモヤするだけだから。

やっぱ、こっちが好きで付き合ってる人のこと、外から色々言われると冗談でもクソ腹立つ。お前に何がわかるんだよ⁇って感じだし。少なくともデリカシーが終わってる奴と関わらないほうが、メンタル的にいいと思う。でもまあ結局、恋人のよさは自分だけがわかってればいいってとこもある。

矛盾するようだけど、自分だけが知ってる恋人のよさがあるっていうのもそれはまた最高。友達がクソみたいなこと言ってきたら、「うわコイツ見る目なさすぎワロタ」って流せるくらい余裕持とうぜ。その姿勢、マジでカッコいいから。

恋人のこと悪く言われても
言い返せないで一緒になって
笑ってる奴ほんとダサい
恋人のこと人前でちゃんと

好きって言える人
マジでいい
冷やかしにも上手く
返せる人マジで強い

デートを平気でドタキャンする奴って、結婚式もドタキャンするんじゃね？

好きな人との約束だったり、何か決めごととしてたのにそれを破られるときのショック、マジでエグくない？？　特に、好きな人と会う約束してたときにドタキャンされるのが1番メンタルにくる。

まず、会えると思って嬉しさMAXになってた分、会えなくなったときの落差がすごい。だって好きな人と明日会うって予定があるだけで1日を頑張れるし、来週に予定があれば1週間やったるかって思えるし。**そういうテンションで1週間を乗り越えたあとにドタキャンされると、マジでメンタルが死ぬ。しっかりめに死ぬ。**無駄に頑張った1週間なんだったんだ。いい意味でもクソみたいな意味でも、恋人の存在デカすぎんだよなあ……。

逆に、明日は会えないだろうな……って思ってたときに、急に会いに来たりしてくれるのはマジでよすぎる。誕生日にプリ機の前でディズニーチケットくれてワー嬉しい!!みたいなガッツリサプライズじゃなくて、自分「今日会える？」恋人「今日はムリ」自分「マジか〜わかった」……からのピンポーン、恋人「来ちゃったw」みたいな、ちょっとしたサプライズが控えめに言って最高すぎるから、**週8でしてほしい。**

とりあえずドタキャンはダメ、絶対。「会えると思ってたのに会えなくなる」ダメージは計り知れないから。まあ事情があるときは仕方ない。「この日は絶対に会える！」って感じでほかの日をちゃんと示してくれたら安心はできる。でも基本、ドタキャン繰り返す人って恋人じゃなくても人としてヤバいと思う。デートを平気で何度もドタキャンするような奴は結婚式もドタキャンする。**当たり前のことができない人との未来なんてねえわ。**

「恋人の誕プレ買うの付き合って」って異性の友達に頼む奴、本末転倒すぎ

最近、男の知り合いから「彼女の誕プレを買うために女友達と買い物行ってきた」って話を聞いてマジヤバいなと思ったんだよね。わざわざ女友達と2人きりになって、1年に1度しかない彼女へのプレゼントを買うって……矛盾すごくない？　ある意味裏切り行為みたいなもんじゃゃん。お前が好意のつもりでやってても、相手からしたら絶対に許せないレベルのことってあるから。そういうのマジでやめてほしいわ。

だって彼女からしたら、自分の知らん女と2人きりで買い物デートされた結果のプレゼントとか欲しくないいんじゃない？　彼女の女友達ならまだ理解できるよ。でもお前の女友達が彼女の何を知ってんの⁇　趣味も知らない好みも知らなくて、唯一の共通点は「女」ってだけ。そんなん彼女のプレゼント選びっていう口実で女友達と遊んでるとしか思えんし、**1年に1度きりのプレゼントが自分の知らねえ女が主体で選ん**

だものだなんて許せねえわ。クソほどいらんわ。

そんなほかの女のアドバイス聞いて選んだプレゼントなんかより、自分で一生懸命リサーチしたり準備して選んだもののほうが圧倒的に嬉しいからね。悩んでくれてる時間も含めてのプレゼントだから。それすらできないならまだママと買い物行ってくれたほうがマシ。それはそれで品物が鬼ダサくなるけど。

とりあえず、好きな人には自分でちゃんと悩んで決めたプレゼントを渡そうな。相手からしたらそれだけで嬉しいもんだから。もしそれでプレゼントにグチグチ言うような奴なら、それはそれでバイバイしてOK。

恋人に異性の友達は
少ないほうが
嬉しいし、
恋人のよさを
知ってるのは

自分だけで充分だし
誕生日は自分以外に
祝われてほしくない

クソほど
ワガママだけど

デートしてるときに「来たことある」みたいな雰囲気匂わされただけで死ぬ

付き合ってるときに元カレ元カノの名前出してくるタイプの人って一定数存在するけどなんなんだ本当に。どんなに素敵な人でも、会話に過去の恋人の名前を出してきた時点で「あっ、この人ないわ〜〜」ってなってしまう。

たとえばだけど、デート中に「ここ前に来たときは○○だったんだけど」みたいに、名前を出さないまでも元恋人の存在を匂わせる人いるよね？ それも俺は許せない。普通、せっかくのデートで過去の恋愛思い出すか⁇ ありえないだろ、**デート中に過去に浸ってないで今の恋人を楽しませることだけ考えてろよこのデリカシーバグ野郎**って感じなんだけど。え、繊細すぎ？

あと、「前の人はもっと優しかったのにな〜」みたいに直球で比較してくるタイプもたまにいるよね。**知らね〜〜よ。**お前のタイプもそいつのことも知らね〜〜〜よ！ 元カレ元カノに関するデリケートな話をぶっ込んでくるような、配慮のなさに幻滅だわ！　人のこと一丁前に比べる前に、そのお前のカスみたいな性格直したほうがいいと思うよマジで。

だから、恋人が急に過去の恋愛の話をし出したら、俺は距離を置くことを考え始める。付き合ったばかりのときは感覚がマヒっててわりと何でも楽しく感じるけどね。でも冷静になったときに相手の言葉とか行動に疑問を感じたり、少しでもアレ？コイツなんかヤバくね？って思ったら、傷が深くならないうちに離れることをおすすめする。直感でヤバいと思った奴は、大体永遠にヤバいから。

「元カレからヤリモク
LINEきて、
無視してるのに

まだ送ってくる」

いや、

ブロックしろよ

浮気しても最後に
自分のもとに帰ってくればいい、
わけねえだろアホが!!

恋人が浮気したら、どんなに好きだった人でも1発でアウト。生理的にムリになる。こっちにまだ好きだとか、裏切られて悲しいみたいな気持ちが少しあっても、一緒にいるときの嫌悪感のほうが余裕で勝つ。だって、1回でもほかの異性に気を取られたようなカスと一緒にいたくないし。

なんか世の中に、「浮気しても最後に自分のもとに帰ってくればいい」「男の浮気くらい目をつむるのが懐の深いいい女」みたいな考え方あるよね? マジでくたばってほしい。いいんやで、みんな、そんなんされたらブチ切れてモノ投げつけて本気で泣いていいんやで。その「男の遊びを許せないのは器が小さい」みたいなクソみてえな時代遅れの考え方。浮気したい側が自分らの行動を正当化したいがために、まるで被害者に責任があるかのように論点すり替えてるところがクソなんだよな。断言するけど、**悪いのは間違いなく浮気してる奴ら。**

された側が責任を感じる必要な

んかない！　もうムリだって思ったらそんなキモい恋人捨てろ。

たしかに恋人のことはめちゃくちゃ好きだよ。ちょっと嫌なことされても許しちゃうことはある。でもね、浮気されて、相手にとって完全に「都合のいい存在」に成り下がってるのに、それでも最後に自分の元に帰ってくるまで待つ……わけないよな。誰が待つんだよお前みたいなクラミジアを。ほかの人と性器擦り合わせたくせにアホみたいな顔して帰ってくんのか？　**クラミジアはクラミジア同士仲よくクラミジア大学に入学してくれや。**

最後に断言すると、1回でも浮気するような奴とは付き合ってもメリットはないよ。また浮気されるかもしれない不安を抱えなきゃならんし、結局また浮気されて絶望するだけだから。人は簡単には変わらんし、恋人が変わるのを待つ必要はねえよ。そんなカス切り捨ててあなたは幸せになっていい。

クソみてぇな奴だって
自分でわかってても
実際別れるってなったら
クソ辛いに決まってる

でもそのクソ辛い毎日を
乗り越えたらお前は
絶対に幸せになれる
絶対になれる

遠距離恋愛はしんどいけど
距離なんかに負けるような
恋愛はしたくない

遠距離恋愛って、マジで難しくない？　遠距離恋愛してる人ってマジでメンタル強くない？　だってまず物理的距離がめちゃくちゃある、さらにほかの異性に取られるかもしれないっていう恐怖もある。簡単に会うことのできないもどかしさ、LINEを何も言われずにブロックされればもう連絡が取れない脆さだってある。みんなどうやって乗り越えてんの⁉　正直、マジで尊敬の念しかない。

最近、遠距離について深く考えることが増えた。というのも超個人的なことで恐縮なんだけど、もうすぐ彼女が1年間留学する予定で、俺も遠距離恋愛をすることになった。彼女には外国で外国語を勉強したいっていう昔からの夢があって、ついにそれが実現する機会がきて。正直、応援したい気持ちと、本当に離れたくなくて素直に応援できない自分の気持ちがあって、意味わからんくらい悩んだ。離れるのが嫌で泣いてるときもあったし、別れさえ覚悟した。

そんなときに考えたのが、彼女が自分の夢に向かって努力してるってこと。じゃあ自分も**「将来的に彼女と結婚する」って夢のために今、自分ができることを努力しようって思って。**お互いが1年後、また笑顔で会えるように頑張ろうって決めた。

遠距離を続けてくために、2人で「毎日LINEはする」「定期的に通話する」みたいなルールを作って、守ってくことが大切なのかなって思う。でもそれより1番大切なのは、離れてても相手を思いやること。これだけは絶対に忘れないようにしよ。

遠距離をしてるみんなも頑張ってほしい。俺も頑張る。距離なんかに愛は負けない。

第4章

恋人の
どこが好きかと
聞かれたら——

自分を選んでくれた
そのセンスにしびれて
メンタルが~~死ぬ~~生き返る

恋人の寝顔を眺めながら
二度寝する瞬間に
この世の幸せが詰まってる

散々メンヘラっぷりをぶちかましてきたところで、ここからは少しだけ、のろけの時間にさせてほしい。

同棲ってさ、マジで最高だと思う。**だって好きな人と1つ屋根の下で一緒に過ごせるとか冷静に考えてヤバくない??** なに？　神様からの贈り物?? とりあえず、同棲の魅力を何個か語らせて。

まず、家に帰れば恋人が帰りを待っててくれてる、これがシンプルによすぎる。どんなに疲れてても、家に帰れば自分の大好きな人がいるわけでしょ？　そんなん仕事の疲れも吹っ飛ぶに決まってんじゃん。

あと、同棲するってことは一緒のベッドで寝るってことでしょ。夜、2人で横になりながら一緒にYouTube見たり、くだらない話したりするの、もう既によすぎ……尊すぎ……。でも個人的最高の瞬間はその後なんだよ。いつの間にか2人で寝落ちて、朝ハッ

自分を選んでくれたそのセンスにしびれてメンタルが~~死ぬ~~生き返る

と起きたときに隣を見ると好きな人の寝顔がある……!!　コレ本当に最高でしょ。好きな人の寝顔っていつまでも眺めてられるんだけど。マジで推せる。そんな恋人の寝顔眺めながら自分も二度寝するあの瞬間が、俺は生きてくなかで1番幸せな時間だと思う。間違いねえ。

あと**〝恋人とセックスしたあと、なんかお腹空いたねっつって手を繋ぎながらコンビニ行って、アイス食べながら一緒に帰ってくる〟**のも同棲ならではの最高シチュだと思う。

ほら、だんだんこのすばらしさわかってきたでしょ。

ってわけで全恋人たちに同棲を全力ですすめたい。一緒に住むとリアルに恋人といるのが当たり前になりすぎて、1人の時間があるとすぐ不安になってメンヘラ化するって落とし穴もあるけどね。でも最高だよ！　同棲でこんなに最高なら、結婚なんてしたらどうなっちゃうんだろうな。夢がありすぎてヤバイわ。

好きな人の好きなものってなんであんなに尊いものに感じるんだろうな

好きな人に好かれるために趣味とか合わせちゃう⁇　あるある〜〜‼　別に自分は好きじゃないものを好きって言っちゃう⁇　あるある〜〜‼　でも気付いたら自分も意外と好きになってる⁇　あるある〜〜‼　これからももっと好きなものを共有したい⁇⁇　あるある〜〜〜〜〜‼‼　急にあるある叫んでごめん。

こんなテンションになっちゃったのには理由がある。すげえ個人的な話になるんだけど、今付き合ってる彼女のことが気になり始めてた頃の話をさせてほしい。片思いしてた頃、どうしても彼女に近付きたくて彼女の趣味を探ろうと必死になってたことがあった。今思い出すとダサいなって思うけど、好きな人の好きなものとか趣味って気になるじゃん。「自分もコレ前から好きだったんすよ！(笑)」って顔して、運命感じさせて、あわよくばお近付きになりたいじゃん？

わかるよね⁇（迫真）

だから当時の自分は全く興味のなかった音楽アーティストのCD

をわざわざTSUTAYAに行って借りたり、彼女の好きなスポーツのことちょっと勉強してみたり、マジで必死だった。でもそのちょっとした努力のお陰で実際に彼女と付き合えたわけだし、今もめっちゃback number聴いてるから。好きな人に近付くためだけに聴いてたアーティストも、今は自分が心から好きになって聴いてる。

そういうのってなんかよくない!?

とりあえず好きな人の好きなアーティストは絶対聴いちゃうよねって話。そんで知らんうちにめっちゃハマってる。でも別れたあとはその音楽聴くたびに死にたくなるんだよな。アーティストに罪はないのに……このパターンだけはどうにかしてほしい。

恋人のどこが
好きって
そもそも自分を
選んでくれた

そのセンスが
神でしょ
結婚しよ

嫌なことを我慢するんじゃなく
嫌な気持ちにさせないように
我慢すると恋愛は上手くいく

俺も毎日悩んでるし、みんなも毎日悩んでると思うんだけど、そう、恋人と長続きする方法。Twitterでも、フォロワーのみんなから長続きさせる方法めっちゃ聞かれるんだけど、こっちが知りてえ!! なんなら恋人と結婚できる方法も知りてえ!! 誰かDMで教えて。

本題に入るけど、とりあえず長続きさせたいなら「価値観が近い」のマジで大切だと思う。というより、価値観が違いすぎるカップルは基本的に上手くいかん。たとえば、男女の友情がある派の人と男女の友情は認めない派の人が付き合ったら上手くいくと思う？ たぶんムリだよね。男女の友情がある派の人は束縛されたらマジで嫌がるだろうし、男女の友情を認めない派の人は常に浮気される不安が付きまとう。こんな感じで付き合う上でどちらかにめちゃくちゃ負担がかかると、一緒にいても何も楽しくないクソみたいな恋愛になりがち。

でも「価値観が違うからって簡単に離れられるわけないし！」って思った人。それもめっちゃわかる。だからお互いがお互いを思いやって、考え方をすり合わせられるカップルこそ本当に上手くいくんだと思う。付き合う上で「我慢」は間違いなく必要だけど、間違えちゃいけないのは「パートナーに嫌なことされても我慢する」んじゃなくて「相手が嫌だって思うようなことはしないように我慢する」っていう、そっち側の我慢をすること！　価値観が違っても、これが意識できればマジで最高なカップルになれるはず。たぶん。

あと個人的には、笑いのツボが合うこともかなり重要だと思う。特に2人だけがわかるノリっていうかショートコント的な茶番するの、クッソ楽しくない？　ありきたりな言い方になっちゃうけどさ、一緒にいて楽しいってお互いが思ってる状態がベスト。笑顔が絶えないカップルは最強だよね。

ちょっとした不満とか嫉妬を上手く可愛く表現できたらそれだけで恋愛イージー

「いい女」より、「甘えるのが上手い女」のほうが最終的に幸せを掴む気がする。前者は、恋人に嫌なことされても許して、約束破られても「私は平気だから」っていい女像を保とうとして、結局ただ都合のいい女になりがち。後者は、嫌なことされたら嫌ってちゃんと言って、ときにはケンカもするけど、ワガママじゃなく上手く甘えられるから、なんだかんだ彼氏に愛される。俺はわりと前者の気持ちもわかるし、なんて愛すべき不器用……って思うけど。でも**幸せになるためには、甘え方を覚えるのも方法だよね。**

でもさ、いきなり「上手く甘えろ」とか言われても、そんなんどうすればいいかわからないじゃん。とりあえずおすすめなのが、彼氏に対する「言い方」を変えてみること。たとえば、彼氏に「ほかの女と飲まないで⁉」って真顔で迫ったら、彼氏は追い詰められてるって感じると思う。だから「女の子と飲むの？　えーじゃあ2

軒目は私と飲も」とか、「寂しいから帰り迎えに行く！」って言って、相手の飲みを認めつつ「一緒に帰る」ってお願いを上手く取りつける、みたいな。「言い方」次第で、相手を追い詰めずに、なんなら「可愛い」とか思われちゃうもんだよね。

結局、こういう些細なお願いを自然にできる人って上手く生きてくんだろうな。強い女に見える人ほど不満を溜め込んでて、急に爆発して「アイツ情緒不安定すぎ」ってメンヘラのレッテルを貼られたりして、本当に生きづらすぎるよな。ただ頑張ってるだけなのに。これからは、嫌なことはちゃんと言う、でも嫌なことをただぶつけるんじゃなくて、上手く甘えて、幸せになろう。

恋をして、それが終わっても
経験を積み重ねることで
魅力って更新されていく

好きな人ができるとさ、付き合うために部活頑張ったり、オシャレのこと勉強したり自分磨きしたりして、結果的に人ってめちゃくちゃ変わるんだよね。恋してる人って、なんか輝いてるもん。やっぱ恋すると男はカッコよくなるし女は可愛くなると思う。**フラれた瞬間、12時の鐘が鳴ってブスに戻るけど。**

っていうのは冗談で、むしろフラれた力を利用して見返すために可愛くなる人もかなりいるよな。好きな人にフラれたとき、セフレでもいいから～ってわざわざ自分から幸せになれない恋愛に向かっていくと、やっぱブスになるような気がする。人に言えないような恋愛をしてるときって、しんどくなって、疲れて、すり減っていくからね。好きな人相手でも、付き合っててしんどいだけならガッツリ諦めて、コノヤロー絶対見返してやる!!つって負のエネルギーでクッソ可愛くなったほうがいい。んで、いつかソイツに言い寄られたときに、「ごめんもう今は興味ないわ」って言えたらあなたの完全勝利じゃん！

話逸れちゃったけど、つまり結局何が言いたいかって、どんどん恋はしようぜってこと。好きな人ができて、その人と付き合えても付き合えなかったとしても、あなた自身は変わる。それを繰り返してれば、どんどん魅力的な人になっていくはずだし、それでいつかマジでいい人と出会えるはずだから。1人の人に縛られて、幸せになれない恋愛で消耗してると本当にブスになっちゃう。自分を可愛くしてくれる恋愛ができたらいいよな。

1回でも裏切ってきた奴からは
もう絶対に離れたほうが
いいけどそのトラウマは
次の恋人に持ち越すなよ
仏の生まれ変わりレベルで

マジ最高な優男かもしれない
のに、過去のトラウマ
だけでやってもないこと
疑ったりしてたら
さすがの仏もキレると思うぞ

好きな人といると
心の中がマジで
サファリパークになる

好きな人と一緒にいるだけで、もう心の中の犬は尻尾ブンブンだし、心の中のゴリラはドラミングしまくりだし、心の中のナマケモノは走り回ってるんだよね。同じように心の中で動物飼ってる人いない？　**マジで1人サファリパークかよって感じなんだけど。**

たとえば好きな人とデートしたとき。最初の頃なんか、楽しませたいって気持ちもあるけどそれより緊張がエグすぎて、デート中とか手汗がヤバいんだよね。あと会話が止まると、なんとか話題出すために脳みそマジでフル回転する。テスト中なんかより余裕で回転する。だって無言になるのマジ怖いもん。でもちょっとした会話で好きな人が笑顔になってくれたり、帰ったあとに「今日は楽しかったよ〜」なんて一言でも連絡がくれば、もう心の中の犬は尻尾ブンブン振り回すよね。あ〜やっぱ好きだ〜ってなる。

あと好きな人と学校から一緒に帰るの、あれいいよな〜。今日学校であったこととか、くだらないこと、恋バナ、いろんなこと話すんだよ。2人だけの秘密の話して、好きな人と秘密を共有できたのが嬉しかったり。途中でコンビニで買い食いしたり、いつもと違う道通って寄り道したり。あ〜〜やっぱ学生って青春すぎるな。中学高校のうちにピュアな恋愛してくれ。**大学生以降はそんな綺麗な恋愛ないから。**

とりあえず言いたいのは、好きな人と一緒にいると、ちょっとしたことで楽しすぎワロタってこと。なんか、隣にいるだけで楽しいって感じ。**やっぱどこに行くか何をするかじゃなくて、誰と行くか誰とするかなんだなあ**って思うわ。これからも心の中のゴリラドラミングさせていきたい。

どうでもいい奴と
いくディズニーより

学校帰りに
好きな人といく
コンビニだろ

一緒にいても
いなくても、永遠にのろける
キモいカップル最高じゃん

恋人が直接自分に「好き」だとか「可愛い」「カッコいい」って言ってくれるのは、もちろん嬉しい。今まで自己評価クソ低くても定期的に好きな人が言ってくれるだけで、積み重なって自信にもなるし。好きな人からの褒め言葉って、やっぱ染みるんだよな〜。

でもさ、**意外と自分のいない場所でのろけられるのも実は結構いいってことない？**

普段は好きとかあまり言わないタイプの照れ屋な恋人が、自分のいないところ、たとえば酔った勢いで友人に「あんま言わないけど、うちの恋人マジで最高なんだよな〜」って言ってたらどう?!?! 最高かよ!! 普段は自分のこと話さない恋人がのろけてるんだよ?!? **むしろその場に盗聴器仕掛けたいまであるわマジで。**

あと、普段全く甘えてこないようなタイプの恋人のスマホの待ち受けが自分とのツーショットだったらヤバくない?? 急にそんなのぶっ込まれたらアカンでしょ、あ……好き……ってなるわ。その、普段直接「好き」とか言ってこないくせに急に可愛いところ見せんでください、**愛しさが爆発してしまうので。**

あと恋人のスマホ見たらアルバムに自分の写真ばっかあったときとか。隠し撮りすな……でも嬉しいわ……ってクソ情緒不安定な奴みたいになる。でも嬉しい。

とりあえずこっちは、恋人のこと友達にマジで自慢しまくってるから。一緒にいないときでものろけて、一緒にいてものろける最高バカップルになろうや、キモいくらいでもいいから。

友達に恋人のこと
自慢したいけど
別に魅力をわかってるのは
自分だけでいいし、
恋人の魅力に気付かれて

変な気起こされたら
怖い〜〜怖いよ〜〜！！でも
自慢もしたい〜〜
したいよ〜〜！！
っていうクソ自己中な気持ち

可愛いっていう
魔法の言葉、
世界平和に貢献してる説

「可愛い」ってマジで魔法の言葉だと思うんだよ。たとえば、男が女に言う「可愛い」はもちろん最高の褒め言葉なんだけど、女が男にいう「可愛い」もバカにしてる表現じゃ全くなくて、長年付き合ってるとカッコいいとか好きの前に愛しさが先に来ちゃって不意に言ってしまうという、最高の褒め言葉らしいのね（彼女談）。だから**付き合ってる男女ともに、お互いにひたすら言い合ってれば最高の世界が作れるんじゃやね⁇**ってわりと本気で思う。

重要なのは、この「可愛い」は決して顔のことを言ってるわけじゃないってところなんだよな。顔がどうっていうより、**恋人のふとした瞬間の行動の愛しさがエグい故に「がわいいッッ」ってなっちゃう**パターン。んで、もう恋人が何をしてても可愛いって思うようになったら、大抵のことは許しちゃうようになる。マジで自分末期だなって思うけど、そんくらい可愛いって強い。ズルい。

だからみんなもとりあえず可愛いって言われたら素直に喜んでいいし、自分も思ったら素直に恋人相手に「そういうところ可愛い！」って言ったほうがいい。繰り返せば絶対もっと距離も縮まるから、お互いにガンガン褒め合ったほうがいい。

ただ、自分以外の人に可愛い～～って言ってるところなんか見たら嫉妬で怒り狂うからマジで注意して。「可愛い」は魔法の言葉だけど、ほかの人に言った途端魔法解けるからね。

付き合えてよかったって胸にこみ上げるあの瞬間がたまらない

恋人と一緒にいると、特に何もしてないのに、「この人と付き合えてよかったな……」って突然胸に込み上げることあるじゃん。たとえば、恋人の横顔をなんとなく見つめたときとかに。アレ、実は「この人と付き合えてよかったな現象」といって、この現象が起きるとき、恋人も同じことを考えていると言われてます。知らんけど。

ほかに「この人と付き合えてよかったな……」って思う瞬間ってどんなときがある？　ちなみに俺は、恋人の寝顔を眺めてる時間を推したい。恋人の寝顔をなんとなく見てると、もし付き合ってなかったらこの寝顔は見られてなかったんだな……とか、こんな気抜いたアホ顔を自分に見せてくれるのなんかすげえ嬉しいな……って、胸に込み上げるものが正直ある。そういうときに心から「付き合えてよかった……」って思うし、自分が寝てるときも恋人が同じこと思ってくれてたらいいな、なんて考えながら眠りにつく。

まあみんな「付き合えてよかったな」って瞬間がそれぞれあると思うし、恋人が自分に対してそう思ってる瞬間も絶対にあると思う。ただ、浮気とか裏切りなんかしたら、一瞬で「付き合えてよかったな」が「付き合わなきゃよかったわこのクソみてえな奴とふざけんな」に変わっちゃう。

だから自分もそういう裏切りは当たり前だけどしないほうがいいし、いつまで経っても「付き合えてよかった」って思ってた頃の初心を忘れないでいたい。ってなんか本当に当たり前のこと言ってしまったわ。でも大事なことだよな。

好きな人のこと
「カッコいい」って
思ってるくらいなら
まだ戻れるけど
「可愛い」って思ったら

もう戻れないし
「愛おしい」の段階
まできたら手遅れ、
一生を共にするしかない

けなし合える関係がいい？
いや、普通にお互い
永遠に褒め合いたいんだが

恋人とブスとか言い合える関係いいよね〜ってよく聞くんだけど、そんな関係本当に憧れる？　**マジで怖すぎない⁇**　確かに何でも言い合える関係っていいなとは思うけど、ブスって言えるかどうかは全く関係ないでしょ。まあカップルによっていろんな価値観があるんだろうけど、冗談でも好きな人にブスって言えちゃうの怖すぎるし、それを笑いに変えられるのもヤバい。

そもそも自分がブスって言われても大丈夫だからって、それを相手に言うの危険じゃない？　俺なんか子どもの頃から自分の容姿に関して色々言われてきて全く自信が持てなかったから、今も冗談でもブスって言われると顔が引きつるし、上手く笑って返せない。恋人であろうとなかろうと、面と向かって身体的特徴の悪口言う人ってやっぱクソだろって思う。数学とか英語とか一丁前に勉強する前に、**道徳の教科書読んで人として最低限のマナーを備えてから社会に出てくれ。**

そんなに「何でも言い合える関係」がいいなら、それこそ褒め合える関係を築いたほうがよくね？　好きなら好きって言えばいいし可愛いカッコいいって言い合えばいいじゃん。ブスって言い合える＝仲よしの印でも何でもねえ。わざわざブスとか言われて傷付く意味がわからんし、**ブスブス言い合ってたら一生顔も性格もブスのまま定着するぞ。**俺は好きな人とお互いに褒め合ったほうが普通に嬉しいし、そのほうが顔も性格ももっと魅力的になれると思うんだけど、どうですかね？

結局のところ恋って
LINEで浮かれて始まって、
LINEで悩んで終わる

好きな人とするLINEってマジで楽しいんだよな〜。っていうより離れてても連絡が取れるのがマジでいい。同じ時間を共有できる嬉しさっていうかね。どうしたって恋人に会えないときに来るLINEって本当にありがてえんだよな。

LINEっつっても、いろんなやり取りの形があるじゃん。たとえばやけど、俺は、お互いに画面開きっぱなしで速攻で既読つけて返信し合うタイプのやり取りがすげえ好き。好きな人だったらくだらん内容でも1時間とかあっという間に過ぎるし。夜に返信し合いながらいつの間にか寝落ちてる奴とかマジ青春でしょ、やりてえ。

あとは、恋人からいつ返信が来るかドキドキしながら待つタイプのLINEも好き。数多くやり取りするわけじゃないけど、恋人から急にたくさんメッセージ来たときなんかテンション上がる。でもそういうときに挟まってくるどうでもいい奴からのメッセージはマジでムカつく、一生喋んな。たまごっちのご飯の催促だったとか。**好きな人かと思ったら公式アカウントだったときの落胆は異常。**結局、好きな人とLINEできたらマジでメンタルが最高になるんだよな。離れてるときにも会話できるってのがやっぱLINEのよさ。だけどやり取りが続かなかったりすると、それはそれでマジでメンタルが死ぬ。LINE1つで情緒が左右される。**人を幸せにも不幸にもできる、現代ならではの恐ろしいツール**だなって思う。

「小走り」「おいで」
「バックハグ」は
恋愛の三種の神器です

恋人に対してキュンときた経験を少し紹介していきたい。男女が逆でも最高だと思うから、共感してもらえたり、あと参考にしてくれたら嬉しい。

まず、外でデートの待ち合わせしたとき。待ち合わせ場所で、普段とは違う雰囲気で無表情でスマホいじってる恋人が、自分を見つけた途端にパッと顔を輝かせながら小走りでこっちに向かってくる瞬間。好きな人のいろんな表情が見えるの、最高すぎて死んだ。

男は基本、全員これで無事に死ぬと思うから、ぜひ好きな人相手にやってほしい。

あと、ケンカして仲直りしようとしたときに、「おいで」って言ったらほっぺ膨らませながらトコトコ寄ってくる瞬間。これに関しては、そもそも女性は彼氏からの「おいで」がめっちゃ好きって聞くし、男側としても「おいで」って言った後に彼女が嬉しそうにしながら近付いてくるのマジで性癖に刺さる。超Ｗｉｎ－Ｗｉｎすぎるから、積極的にやるべきだわ、マジで。

最後に、これをすると2秒後に世界平和が訪れる、好きな人とのバックハグ。好きな人からされるのも、こっちからするのもマジで気分最高になれる。バックハグしながら首筋の匂いかぐのも意味わからんほど好き。なんで好きな人の首筋ってあんないい匂いするんだろうな。あの匂いだけで1日は寝れる。

細かいポイントはたくさんあるけど、極論、好きな人と一緒にいられるだけでキュンとするってとこはある。この幸せな日常が、永遠に続けばいいのになぁ。

第5章

こんなにしんどいのに、恋愛ってやめられない

裏切られても、傷付いても、
それでもやっぱり恋がしたくて
メンタルが死ぬ

恋人が自分に冷める瞬間も、
自分が恋人に冷める瞬間も、
どっちも同じくらい辛い

好きな人に冷める瞬間って誰でもあると思うんだけど、それが本当に「冷め」なのか「慣れ」なのか自分でちゃんと見極めないとダメなんだよね。「最近なんかドキドキしない」と思っても、それだけで冷めたって決めるのはまだ早い。くだらん一時の気の迷いで大切な人を失う前に、ちょっと立ち止まってみてほしい。

たしかに付き合ったばっかの頃みたいな、燃え上がる恋愛って楽しいと思う。常に相手にドキドキしてる感じの。でもそんなドキドキが一生、何十年も続くわけはないよね。一緒にいるうちにドキドキはだんだん減っていく。でもその代わり、そのドキドキは「安心感」に変わってく。それは全く悪いことじゃなくて、いい意味で恋人に「慣れ」たってことなのに、それを「冷め」たって考える人もいるんだよなあ。そういう現象はマジで寂しい。

すぐ「倦怠期」みたいな言葉使いたがる人もいるけど、それも結局自分の気持ち次第だと思うんだよね。ちょっとドキドキが減って、倦怠期かも？って思ったときこそ、家族みたいに気を許せる間柄に近付いてるってことかもしれないし。むしろそこまで付き合えた自分に自信を持っていいと思う。

まあ、そうは言っても「冷める瞬間」っていうのも間違いなく存在するからな。あれほど好きって言ってくれた大切な恋人が自分に冷める瞬間って、本当に泣きたくなるよな。冷められてるかもって不安になるときは大体もう手遅れだし。同じように**自分が好きな人に冷める瞬間も、今まで付き合った時間をなかったことにするみたいで悲しい。**

好きな人のことを「もう好きになれない」って気付く瞬間は、何度体験しても辛いんだよなぁ。

片思いのときの
「好きかわからない」は
大体好きだけど、

付き合ってからの
「好きかわからない」は
大体冷めてるやつ

会えないことじゃなく
会うことに対する熱意を
感じないのが悲しいんだよね

「会えない時間が愛を育てる」なんて言葉があるけど、俺は全くそう思わん。会える機会があるなら、ガンガン会ったほうがいい。**そのほうが間違いなく愛は育つ。**（と俺は思う）

もちろん人によって求めてる距離感はそれぞれ違うだろうけど、基本的には長い間会えば会うほどその相手の印象って頭に残る。一緒にいればいるほど、相手のことばっか考えちゃって好きが深まる。っていうか、「恋人がわざわざ時間を作って会いに来てくれる」って行為自体、マジでストライクすぎな？　自分のために時間とお金を使ってくれるって、最高の愛情表現でしょ。言葉だけの奴よりよっぽど信頼できるんだけど。

逆に会わなくなればなるほどその相手の印象って薄くなる。どんなに好きだった人でも、会えない時間が長くなるにつれてどうでもよくなってしまった……ってことない？　逆に、「最近会ってなくて冷めたと思ってたけど会ったらまた好きになっちゃった」ってことはあるじゃん。やっぱり「会う」っていう行為にはそれくらい、気持ちを盛り上げる効果があるんだと思うわ。

結局ね、会えない時間が長くなること自体が嫌なんじゃなくて、「何とかして自分に会いに来よう」って熱意が感じられないことに冷めるんだと思う。「早く会いたい」「また今度会おうね」って綺麗ごとだけ並べたクソみたいなＬＩＮＥを１００件送られるより、突然家に来てくれるほうがよっぽど嬉しくね？　フットワーク軽い恋人はマジで神。とりあえず恋人と長続きしたいなら、会え。毎日会え。会いに行け。会いに来い。俺からは以上。

自分以外の誰かと掴む、好きな人の幸せなんて、祈れない

好きな人の幸せをいつも祈ってる。この世で1番幸せになってほしい。でもそれは、自分と一緒に掴むものであってほしい。だから訂正。

好きな人が自分じゃないほかの誰かと掴む幸せなんて、絶対に祈れない。

クソみたいなこと言ってるってわかってるけどさ。大好きな人と長い時間を過ごしてきて、これからもずっと一緒だと思ってても、急に一方的に別れを告げられることって意外とある。付き合ってた頃にこの人と一緒に幸せになりたい！って思ってたのは間違いないけど、別れて、いざその恋人がどっかの知らん人と付き合ったら、**ソイツと不幸になってくれって思っちゃうんだよな。**好きだった人であればあるほど。嫉妬みたいなところもあるけど、自分じゃないほかの誰かを選んだことを後悔してくれってマジで思う。

まぁそういう性格の悪さもフラれた理由の1つなのかなって思う。そりゃ、別れるとき「ほかの人と幸せになってね。応援してるよ」とか言えたらいいんだろうけど、そんなこと微塵も思ってないし今すぐにでも戻ってきてほしいしそんなカッコいいこと言えるはずねえ。「別れたこと後悔させてやるわコノヤロー」としか思えねえ。

結論、やっぱ、好きな人には自分と一緒に幸せになるか、知らねえ奴と不幸になってもらうかの2択だわ、性格クソでごめんやけど。んでこっちも、もっと素敵な人見つけて幸せになってやるしもう戻ってきても遅えからな！の精神で強く生きてくしかないよな。

人生において
期待は基本、裏切られる、
絶対そういうふうにできてる

人生が辛いのって、「こうなりたい」「こうだったらいいのに」って願望が叶わないからなんだよね。ってことは、初めから期待しなきゃマジで楽なんだよ。友達もそうだし恋愛もそう、何事も、期待しなきゃ裏切られることもない。自分の価値を理解して、自分を安売りせず、相手を信用する。期待はしすぎない。これを意識すれば恋愛だってもっと楽になる。それはよくわかってる。

でもさ〜〜〜、**結局恋愛中って、相手に期待しちゃうんだよな。**好きだからこそ期待しちゃうし、今度こそ変わってくれるはず！　またダメか……を何回繰り返したことか。裏切られたあとは「もう恋人に期待しすぎても裏切られて死にたくなるだけだし、恋人なんてジャガイモくらいに考えたほうがいいわ」って割り切って、時間を守らなくても、まあジャガイモだし仕方ないか……浮気されてもまあジャガイモだし仕方ないか……みたいに思い込もうとするんだけど、実際また同じことされたらクソ腹立つし悲しくなる。やっぱ、心のどこかではジャガイモに期待しちゃってるからね。マジで惚れたもん負けって感じ。

やっぱ、自分のことを本当に大事に思ってくれる人は期待に応えてくれるものだよな。「約束を破らない」「浮気をしない」みたいな、当たり前の期待に応えてくれる人を選びたいのが本音。当たり前ができない人との将来なんてねえ。

あと最後に伝えたいのは、クソな人はいつまで経ってもクソだし誰に対してもクソなんだってこと。この人には私が付いてなきゃ〜とかそのうち変わってくれるはず〜とかアホみたいに期待して自分の魅力削りながら尽くすより、いつか出会うマジで素敵な人のために魅力は取っておいたほうが絶対いい。

まぁ、期待しすぎずに頑張ってこ。

小さな約束を守れない奴は
大事な約束も守れない
デートに寝坊してくる奴は

結婚式もドタキャンする
些細なことができないのに、
大きなことできるはずない

食中毒になって死ぬ前に目の前のジャガイモが腐り始めてるって気付くべき

恋は盲目って言うけど、**マジで好きな人のことってすべてが5割増しでよく見えない？**性格とか顔とかスタイルとか匂いとか、全てが自分のために作られたように感じる。まぁ別れた瞬間シンデレラの魔法が解けて腐ったジャガイモが目の前に現れるんだけど。え……？　マジで誰……？ってなる。別れた瞬間は言いすぎかもな。でも、ごめんやけど、どれだけ好きで1週間泣き続けるくらいめちゃくちゃ引きずるような恋でも、3年経てばマジで忘れるから！　「そんなことない！一生引きずると思う」って人は、何日連続で泣けるかチャレンジとかしてみればいいと思う。たぶん1ヶ月も続かないし、思い返せばなんで自分あんな泣いてたんだろう腐ったジャガイモのためにってなるはず。

恋人の嫌なところから目を逸らして、付き合ってて楽しいこともあるからいっか！ってなんとなく過ごしてると、相手はめちゃくちゃ調子に乗り出す。気付いたら恋人だったはずのソイツはただの腐ったジャガイモになってるし、別れてもジャガイモに費やした時間は決して戻ってこない。**それなら早めに「腐ってる！」って気付いたほうが身のためだよね。**

だってそうじゃない？ LINEの返信を全くしない、時間に平気で遅れてくる、約束を守らない、浮気する……好きな人フィルターでギリギリ人の形を保ってはいたけど、1度別れてみればいかに腐ってたかがわかるでしょ。やっぱ依存って怖い。気付かずに付き合ってると、いつか食中毒になって心身ともに死ぬからね。早めの対処が大切なんだよ。

平気で嘘つくのに
隠すのが
下手な奴はクソ
嘘つくなら

死ぬ気で隠せ
というか嘘つく
時点でやっぱ死ね

追う恋愛ばっかだと幸せになれないってそんなのわかってますって話だけど

クッソ偏見かもしれないけど、追いかける恋愛が好きな女の子ってなかなか幸せになれてない気がする。追いかける恋愛してると、自分の好きって気持ちを抑えられなくて暴走しちゃうしね。ぶっちゃけ、好きって気持ちはなかなかコントロールできない、マジでわかる。でもやっぱり、**常に追いかける恋愛してると、しんどいことも多いんだよね。**

「自分のこと好いてくれてる人と自分が好きな人、どっちを選べば幸せになれるのか」なんて悩みもよく聞くけど、結局自分を好いてくれる人と付き合ったほうが最終的には幸せになれる気がするな。

たとえばやけど、女の子側ばっかりが恋愛ツイートしてるみたいなカップルって長く続かないイメージがある。記念日とか誕生日とかすげえ気にしてるけど、男のほうはあんま興味持ってないって感じで。なんとなくだけど、女の好き好きアピールに男が面倒くさくなって別れるってパターンが多い気がする。

反対に、男が結構SNSでものろけたりする彼女大好きキャラのカップルは上手くいってる気がするんだよね。むしろ女の子のほうがハイハイわかったわかった〜って上手く流してる感じの。そんくらいパワーバランスが女性側に偏ってるというか、男が尻に敷かれてるくらいがいいのかなぁってちょっと思う。

理想は、お互いに追いかけ合えることなんだけど。どっちかの好きが強すぎると、どこかで「好きなのは自分だけじゃん……」ってことに気付いて一方がしんどくなるから。そうなるくらいなら追わせたほうが幸せになれるよね。そうは言ってもみなさんは、**追われる恋愛なんかじゃ満足できないんだろうけど。**

生きづらすぎな〜〜〜!!

若い時期はもっと遊べよ～とか、余計なお世話だしうるせえんだよ～～！

「若い時期はもっと遊ばなきゃダメだよ？」「もっといろんな恋愛知っとかなきゃw」みたいなことをおっさんとかに知ったふうに言われたりすることない？「マジでどうでもいい――！」って叫びそうになるんだよなぁ。不器用だけど一途な恋愛のことを「若いな～w」ってバカにする風潮、個人的にはクッソ嫌い。

あと、「経験人数多い」とか「若い頃は遊んでた」みたいな、過去の武勇伝をドヤ顔で語られてもアーwハイハイwそッスねwwとしか言えん。マジでいつの時代の話？って感じなんだけど。そんな価値観押し付けられても、結局はソイツはソイツで、自分には自分の幸せがあるし。

俺の場合だけど、ぶっちゃけほかの女の人とセックスするより、彼女と家でゲームとかしながらダラダラ過ごすほうが幸せだし、ほかの女の人のこと知る暇があったら彼

女のことをもっと知りたい。

若さとか関係なくさ、付き合ってる以上1人の人間と真摯に向き合うべきじゃん。まあ人それぞれ価値観はあるんだろうけど、自分ヤリチンですw浮気もするしセフレもいますwwみたいなアピールしてる奴マジでダセえ。1人の人とちゃんと長く続いてる人のほうが、いつまで経ってもフラフラしてて誰と付き合っててもすぐ目移りするカスより余裕で魅力的でしょ。完全主観入ってるけどな!

たしかに、若いうちに自分の本当のタイプをわかっておくって意味ではいろんな人と付き合うのはアリかもね。でも俺は1人の人間と長く付き合うこともかなり大切だと思うし、ほかの異性にフラフラ目移りするようなカスになるくらいなら、1人の人間に依存したほうがマシだと思ってる。これって重いのかなぁ。

ちょっとした幸せがいい、
それを繰り返して
大きな幸せを掴みてえ

好きな人とはできるだけ長く一緒にいたいし結婚だってしてしたいけど、正直、「ずっと一緒だよ」「一生離さない」みたいな言葉は嬉しくない。その場で気持ちが盛り上がって言ってるだけで、ぶっちゃけ自分に酔ってるとこありそうだし、理想論でしかないじゃんって冷静に思ってしまうんだよね。ちょっと偏見もあるけど、「ずっと一緒だよ」って言ってくる奴、大体すぐ冷めて別れ切り出してくるし。**やっぱ言葉でアレコレ言って期待させてくるより、行動で示してほしいんだわマジで。**

「一生」とか「永遠」とかじゃなくて、「明日も一緒に過ごそう」とか、「来週は焼肉食べに行こ」のほうが全然いい。むしろ最高。まだわからない遠い将来のことをカッコつけて話されるより、今一緒にいる時間を大切にしてほしいんだよな。好きな人とは可能性の低い理想より現実的な幸せを一緒に掴みに行きたいし、それを繰り返して結果的にずっと一緒にいられたら優勝じゃん。**そうやっていつのまにか結婚してえ。**

結局のところ言いたいのは、自分を「今」大切にしてくれる人と一緒にいられたらいいよなってこと。言葉で「ずっと一緒」とか言ってるだけで自分を大切にしてくれない恋人より、今一緒にいてくれて、同じ時間を過ごそうとしてくれる人は信じられる。その繰り返しがきっと、一生の幸せに繋がるから。

言葉より行動、遠い未来より明日の幸せ。

合言葉にして生きていこ。

好きな人の過去
じゃなくて

未来を自分色に
染めたら勝ち

何度でも言いたい。好きな人の元カレ元カノは気配ごと頼むから消えてくれ〜〜

もう何回言うんだよっていう感じかもしれないけど、自分はとにかく好きな人の元恋人アレルギーみたいなところがある。そもそもTwitterでアカウントを作ったのも、元カレコンプレックスからだったんだよね。彼女の元カレが彼女にめちゃくちゃ馴れ馴れしくて、ご飯とか執拗に誘ってきたり、彼女もあまりその誘いを断らなくて。彼女も元カレのことブロックしたって言ってたのに、実はブロックなんてしてなくて一緒にスキー行く予定を立ててたり。元カノにワンチャン狙う男も、元カレから求められたら断れない女もみんなクソ！みんな死ね!!って気持ちを込めて、「メンヘラ大学生」のアカウント作ってツイートし始めた。なんか懐かしいわ。

まず、元カレ元カノの連絡先残してる人へ。こっちからしたら「連絡先残しといて何すんの?」って話なんだけど。残す必要性ないじゃん。連絡取って裏でなんかコソコソやんのか？　ア？　全部わかってんぞ⁇　キメェLINEしてんのもバレてんぞ⁇　あ〜やっぱ元カレ元カノのSNSブロックしてくれる恋人って有能。こっちが嫌だって思ってることに対して配慮してくれてるのがいいわ。

俺と同じような元恋人コンプレックスの人、結構いると思うんだよね。そんな人に一言言わせて。**あなたは付き合えてる時点で、元カレ元カノより勝ってるから！**　過去の恋愛相手の存在って何かとウザいし気になるけど、マジでその存在気にしてる時間がムダ、恋人と楽しい時間過ごしてこ。**恋人に選ばれてる自分に自信持ってね。マジ応援してるから。**

最後に、元カノにワンチャン狙う男は死ね。元カレから連絡が来て「また元カレから連絡きた〜」って嫌がる素振りしつつもノコノコついてく女も滅亡してくれ。終わり。

別れたあとに訪れる
クソみたいな毎日だって
ちゃんと幸せに繋がってる

クソみてえな恋人と付き合ってるって自覚してる人、いるよね。友達に「別れたほうがいいよ」って言われたりして。自分でもこんな恋愛やめたいって思ってるもんね。わかるよ。でも離れられないんだよね、どんなにクソみてえな恋人でも好きなんだから。

約束を守らない恋人だって、平気で嘘をつく恋人だって、浮気するような恋人だって、そこを除けば自分にとっては最高の恋人なんだよな。**嫌いなところがいくらあっても、離れるほうが辛いんだよな。**マジでわかるよ、自分が都合のいい存在になっちゃってたとしても、近くにいるそのときは、何も考えないで済むもんね。

でも約束を破ったらダメなんだよ、平気で嘘をついたらダメなんだよ、浮気したら絶対ダメなんだよ。そんな奴と付き合っちゃダメなんだよ。あなたのことを裏切ってもいいって思ってんだよソイツは。**離れるのがしんどくても、これ以上**

一緒にいても幸せになることはできないんだよ。

正直俺は、これを読んでる人がそのまま付き合い続けても、別れる決断をしても、両方応援する。俺も気持ちはわかるから。付き合い続ける辛さも、離れる辛さも。クソみてえな恋人だって自分でわかってても、実際ソイツと別れるってなったらキツいに決まってるよな、本当に好きで付き合ってるんだから。それでも前に進もうっていう決心はマジで無駄じゃない。別れてしばらくはクソ辛いクソみてえな毎日だろうけど、それ乗り越えたらお前は幸せになれる。絶対になれる。本当に頑張れ。

おわりに

最後まで読んでくれて、本当にありがとう。
この本には、俺自身が彼女と付き合うなかで不安に思ったり、
嬉しかったり、ムカついたりしたことを
思ったままに書き殴りました。
みんなが、好きな人や大切な人を思い浮かべて読んでくれたり、
愚痴に共感してスカッとしてくれてたら嬉しいな。

去年の今頃、俺はちょっとしたことでメンタルが不安定になって、
彼女を束縛したりしてました。彼女のことは全く考えず、
自分のしんどさだけを訴えてたんだよね。
でも、そうやって自分さえよければって考えで恋愛しても、
結局上手くいくわけがなかった。
彼女に愛想を尽かされて、フラれて、
毎日泣いて、自分を見つめ直して、

少しずつ自分のクソなところを直す努力をして、
彼女とやり直すことができて、
ようやくここまで来れた気がする。

でもね、恋愛に正解なんてないんだよ。
今自分がしてることが、合ってるかもわからない。
だからみんなには、自分がやってることが正解かわからなくても、
後悔だけはしないように行動してほしい。
楽しい恋愛でも、クソみたいな恋愛でも、
選んでよかったって思える恋愛だったらいいんだよ。
人生は1回限り、この本を読んだあなたが、
幸せを掴めることを心から祈ってます。

メンヘラ大学生

メンヘラ大学生　HERA_MEN0715

彼女のことを病むほど考えてしまう
男子大学生。切実な恋愛ツイートに
共感の声が続出。今作が初の書籍化！

カバー写真撮影	neli+
モデル	ketty
ブックデザイン	小口翔平＋岩永香穂（tobufune）
DTP	岩井康子（アーティザンカンパニー）
校正	麦秋アートセンター

好《す》きな人《ひと》のよさをわかってるのは
永遠《えいえん》に自分《じぶん》だけでいい

2019年 3 月20日　初版発行
2019年 4 月25日　3 版発行

著者／メンヘラ大学生《だいがくせい》

発行者／川金 正法

発行／株式会社KADOKAWA
〒102-8177　東京都千代田区富士見2-13-3
電話　0570-002-301（ナビダイヤル）

印刷所／大日本印刷株式会社

KADOKAWAカスタマーサポート
［電話］0570-002-301（土日祝日を除く11時～13時、14時～17時）
［WEB］https://www.kadokawa.co.jp/（「お問い合わせ」へお進みください）
※製造不良品につきましては上記窓口にて承ります。
※記述・収録内容を超えるご質問にはお答えできない場合があります。
※サポートは日本国内に限らせていただきます。

定価はカバーに表示してあります。

ISBN 978-4-04-065693-9　C0076